SONGLIAO QUYU
WENHUA KECHIXU FAZHAN YANJIU

松辽区域文化
可持续发展研究

田建华 著

知识产权出版社
全国百佳图书出版单位
—北京—

图书在版编目（CIP）数据

松辽区域文化可持续发展研究 / 田建华著. —北京：知识产权出版社，2019.12
ISBN 978-7-5130-6664-8

Ⅰ.①松⋯ Ⅱ.①田⋯ Ⅲ.①区域文化—可持续性发展—研究—东北地区 Ⅳ.①G127.3

中国版本图书馆 CIP 数据核字（2019）第 284830 号

内容提要

本书通过对"松辽文化"这种区域文化进行系统化研究，提炼其中具有普遍价值的资源，并进行批判性解释和创造性转化，从而为文化变迁、转型中的应对性分歧、认同危机及其重建提供一种视点。

针对当前对"松辽区域文化"基础性论述较多，系统性探讨较少的现状，本书力图从文化的时代性演进和地域性展开中探讨区域文化的个性与可持续发展的深层次问题，将区域文化融入中华文化的发展中，为传统与现代的结合寻找支点。

责任编辑：高志方	责任校对：潘凤越
封面设计：陈 曦 陈 珊	责任印制：孙婷婷

松辽区域文化可持续发展研究

田建华 著

出版发行：	知识产权出版社有限责任公司	网　址：	http://www.ipph.cn
社　址：	北京市海淀区气象路 50 号院	邮　编：	100081
责编电话：	010-82000860 转 8512	责编邮箱：	gaozhifang@cnipr.com
发行电话：	010-82000860 转 8101/8102	发行传真：	010-82000893/82005070/82000270
印　刷：	北京九州迅驰传媒文化有限公司	经　销：	各大网上书店、新华书店及相关专业书店
开　本：	787mm×1092mm　1/16	印　张：	13.5
版　次：	2019 年 12 月第 1 版	印　次：	2019 年 12 月第 1 次印刷
字　数：	200 千字	定　价：	59.00 元
ISBN 978-7-5130-6664-8			

出版权专有　侵权必究
如有印装质量问题，本社负责调换。

前 言

研究者的荣光和沉甸甸的责任

每一种民族文化都有其鲜明的地域性、历史性、社会性特征，全球化将各种文化传统的历史延续同文化发展的时代新质集聚于一定的共同空间之中，世界文化呈现出多地域、多民族、多层次的立体结构。在民族文化心理深层结构的共时性层面中，总是蕴含着发展变化的历时性的内在冲力，激荡着历时性的生命跃动，向我们展示出人类心灵历史发展的丰富性和广袤性。一个人、一个民族、一种区域文化甚至一种文明所关怀的基本问题，始终是其自身的命运：既要探讨这个人、这个民族、这种区域文化甚至这种文明自身的现状及历史渊源，又要寻求实现自由、诗意和逍遥生存境界的道路。纵使这种寻求依然还是西西弗斯的石头，也要毫不犹豫地把它不断沿着山势推起。

一、项目研究的目的和意义

区域文化的可持续发展研究应力求站在现代实践和哲学发展的高度，从哲学视域对区域文化的可持续发展进行读解和诠释，发掘其可持续发展的价值底蕴，着力于自觉的可持续发展观的建构，着力于现实实践的价值检讨。着力面向未来，探寻区域文化可持续发展的张力和实现的途径，展示区域文化可持续发展研究的中国特色。目前，在区域文化可持续发展的理论研究和实践方面，还没有可资借鉴的研究范本和先例。因此，课题研究面临着许多需要突破与创新的内容和领域。

历史地理的生态环境制约甚至决定性地影响民族文化格局，决定文化起源的本土性，构筑了多种不同的人文发展机遇和文化区域，形成了多元文化区系和相当复杂的文化谱系。松辽文化是以松花江、辽河流域为地域依托，渊源于历史上人与自然及人与人之间对象性关系而形成的特定的生活结构和观念体系，亦即在祖国东北大地上形成的物质文化、制度文化、思想观念和生活方式的总称。

松辽区域文化的可持续发展研究是建立在深入和比较全面的文献资料、现状调查及相关数据和相关情况的分析比较基础上的研究，课题的实践性、应用性来自区域文化发展对实践性和应用性的诉求，区域文化的可持续发展研究既是一个理论创新的学术空间，更是一个实践战略课题。

而课题研究的过程，也正是我们不断了解家乡文化、普及家乡文化、唤醒文化自觉、焕发文化生产力的生命的过程，这需要有多年的积累和深厚的情感，更要有使命和情怀。本课题从马克思主义文化哲学的视域，对区域文化中的松辽文化进行了解读和诠释，为全球化背景下的区域文化的可持续发展提供了理论智慧，对一些根本性问题提出了一些创新性见解；不仅在丰富和深化马克思主义的文化哲学研究方面有重大的理论意义，而且，对以哲学为指导通过开发有区域文化特色的文化产业促进整个区域经济发展，都有重要的实践价值。

二、研究的主要内容、方法、观点及对策建议

在研究方法和内容方面，课题采用了实地调研和理论研究相结合的方法。通过实地考察和调研，获取了松辽民众对区域文化的认知情况、松辽区域文化的基础理论研究状况、东北地区各级政府对文化建设的投入情况、文化供给侧结构性改革情况、松辽区域文化性格的培育情况、松辽区域文化普及与创新情况、松辽区域文化认同与文化自信情况、松辽区域文化产业化的格局等数据信息和文献资料。在此基础上，提炼出松辽区域文化可持续发展的影响因子，对松辽地区文化资源综合竞争力的优势和劣势进行分析，按照产业竞争力原理、要素结构与竞争力系统的关系原理等理论方法，对松辽区域文化和其他区

域文化的可持续发展的路径进行比较分析和量化评价；然后运用文化哲学、文化地理学、文化史学、社会学、战略学、经济学、民族学、民俗学、传播学、旅游学、文化创意产业学等学科理论或体系，以及其他与文化传承相关的理论，对松辽区域文化可持续发展的原则、目标、体系和布局进行分层次和分类别的研究，同时对松辽地区文化产业发展进行了探索。在具体方法上，运用了文献搜集和整理、田野调查、问卷调查和访谈、统计样本和数据挖掘以及文化产业战略设计等方法。

据此，本课题研究的内容如下。

第一，松辽文化的地域性展开。历史上的松辽文化包含草原游牧文化、森林文化、渔猎文化以及少部分的农业文化，而以草原文化为基本形态，它的一个突出特质是开放性与流动性。在比较文化研究的基础上，我们认识到，作为感性生命的强烈表现，松辽人民的文化是对人类感性生命力的探究。唯其如此，松辽文化的感性生命才可能在传统与现代的交融中显得富有生机。

第二，"松辽区域文化"可持续发展的相关概念界定。本部分对课题的问题域、研究意义、基本思路、基本内容、研究方法、创新之处、区域文化的可持续发展的含义等进行了说明。区域文化的可持续发展研究旨在重建区域文化发展的元价值及其深层意义；区域文化的可持续发展本质上是关于发展的文化哲学研究。

第三，"松辽区域文化"可持续发展的张力。民众对"松辽区域文化"的认知度低于预期；区域文化的讲述能力和宣传推介都略显薄弱；还需在供给侧结构性改革上发力，等等。根据调研情况，本部分还提炼了影响区域文化可持续发展的"基础理论研究状况""文化供给侧结构性改革"的情况等八个要素和因子。

第四，加强"松辽区域文化"的理论研究。文化研究是对习焉不察的日常生活的再审视和批判性解读。对区域文化的个案研究能提出指导更多更大范围的区域文化可持续发展的结论，才可能实现"达则兼济天下"。东北地区不仅有二人转，更有理论情态和深沉的家国情怀;"松辽区域文化"需要给外部世界一扇了解其理论内蕴的窗口,当前无论从地区发展平衡还是国家战略角度考虑,打造一个"显学"的东北地区文化发展显得尤为迫切。

第五,发力文化供给侧结构性改革。文化自觉,应国家、社会、个人三个层面共同发力。国家层面的文化自觉,在于战略规划、顶层设计、政策推动。供给侧结构性改革,既要有自上而下的顶层设计,又要有自下而上的基层探索,两者上下结合、上下对称,才能为改革注入强大动力。而制度创新是"松辽区域文化"产业发展的社会保障。制度创新需要认真解读并利用政策红利;要对松辽地区的公共文化服务进行设计和优化;要抓时机、讲策略,加强国际传播能力。

第六,引导"松辽区域文化"的文化性格和社会心理。"松辽区域文化"性格是生活在松辽文化区域内的绝大多数人所共同具有的带倾向性的稳定的心理特征,是更深层次的历史积淀。无论我们愿不愿意讲述,也不论我们意识没意识到,区位带来的文化影响都不能回避。同样,区域文化的特殊性所显示的群体文化性格和社会心理,特别是通过区域文化独特性才能彰显的中华文化的同一性,更是我们要关注的。

第七,把文化普及放在与文化创新同等重要的位置。文化创新、文化普及是实现区域文化可持续发展的两翼,要把文化普及放在与文化创新同等重要的位置。学术研究、课堂教学、文化普及应协调发展;要尽快破除体制机制障碍,将丰富的文化知识、文化活动和优质文化资源与公众共享;要用区域历史文化的往古之梦激发年轻一代的热情;要充分发挥非物质文化遗产的文化"载道"和教化功能;要优化"松辽区域文化"的宣传手段、内容和平台。

第八,文化认同与文化自信互构共生。文化在2030年可持续发展议程中的贡献正日益凸显,将更有力地推动各项目标的实现,在人类社会发展中发挥越来越重要的作用。抓住文化可持续发展的"最大的机遇",挖掘"松辽区域文化最大的潜力",让松辽地区的民众拥有更大更多的获得感,才能在更深沉的文化自信中,为实现中华民族伟大复兴贡献力量。

第九，让文化产业成为松辽区域经济新的增长极。当前，正是文化产业大有作为的战略机遇期，文化产业也必会在区域经济增长中发挥重要作用，文化生产力也必将强力释放。但需要反思的是，文化产业的发展实践依然是在基础理论准备不足的情况下摸索前行。本部分对松辽地区文化产业化的优势和劣势进行了分析，依据松辽区域资源的禀赋提供了文化产业化的发展原则、方法和路径。

区域文化离不开比较研究，把一种区域文化与其他区域文化，甚至世界各国文化对比研究，将使其特点更鲜明。区域文化研究需要通过对一种区域文化的个案研究，提升出对当代中国地域文化发展具有普遍性、借鉴性的结论或经验。毕竟，人类所有的探索和生存实践的最终指向是对现实生活的不断超越；如果不努力挖掘、梳理、发展和创新我们的区域文化，我们永远都追赶不上那些正在可持续发展中的文化。

文化的发展其实很有意趣、很有旨趣，它不但可以把文化的结构、文化的动力和张力暴露无遗，还可以将文化的性格展露给世界；可持续发展的文化是可以掌控自己的文化。这种文化会找到属于自己的发展节奏，在相对较长的一段时间里按照这个节奏去发展自己；可持续发展的文化是可以享受寂寞的文化。当我们按照这种文化本身的发展节奏持之以恒默默努力，尽管无人同行，但因为找到了自己专属和独特的核心竞争力，文化建设就一定会大有提升；可持续发展的文化也一定是有目标、有毅力的文化。当一种区域文化走在可持续发展的路上，就一定会把那些正在犹豫和踟蹰的文化远远地落下。

三、成果的学术价值、应用价值，以及社会影响和效益

课题通过对"松辽文化"这种区域文化进行系统化研究，提炼其中具有普遍价值的资源，并进行批判性解释和创造性转化，从而为文化变迁、转型中的应对性分歧、认同危机及其重建提供一种视点。

针对当前对"松辽区域文化"基础性论述较多，系统性探讨较少

的现状，力图从文化的时代性演进和地域性展开中探讨区域文化的个性与可持续发展的深层次问题，将区域文化融入中华文化的发展中，为传统与现代的结合寻找支点。

阐述"松辽区域文化"与中华文明认同之间关系的重要性及其发展特征，强调从对象的特殊性和个别性方面来叙述对象的发展，更有助于我们从丰富多彩的区域文化的历史偶然性中探明整个中国文化乃至世界文化发展的深层次的必然性。

可以说，所有调研历经之地、所有被访谈的对象、所有的问卷参与者、所有被我们咨询的学者和机构，也都是区域文化可持续发展的亲历者和建设者，是我们调查的对象，更是文化普及和文化唤醒的对象和主体。

区域文化的调研本身，也是课题组本身，是所有被调查者共同经历的松辽文化的梳理和再现的过程，亦是所有其他区域文化被重新关注、被多人倾慕的过程，更是"松辽区域文化"被讲述、被传播、被推介的过程，是我们每个研究牵涉对象的又一次爱家爱国的表达。中国表达有很多种方式，我们希望也深信，对"松辽区域文化"可持续发展课题的研究是有意义的表达。

目 录

第一章 松辽区域文化可持续发展研究的时代语境
一、研究的大语境 …………………………………… 3
二、松辽区域文化的研究综述 ……………………… 5
三、前期相关科研成果的社会评价 ………………… 17

第二章 区域文化的松辽演绎
一、地理环境对松辽原始人类物质文化类型的制约 …… 24
二、地理环境对松辽文化的发生起着重要作用 ………… 26
三、自然地理环境与松辽文化的地域或民族特色 ……… 28
四、自然环境通过人的对象化活动给予松辽民族心理的影响……
………………………………………………………… 32

第三章 松辽区域文化可持续发展的相关界定
一、课题的问题域及研究意义 ……………………… 39
二、研究的基本思路和基本内容 …………………… 41
三、研究方法及研究过程 …………………………… 44
四、区域文化可持续发展的含义 …………………… 51

第四章 松辽区域文化可持续发展的张力
一、民众对"松辽区域文化"的认知度低于预期 …… 61
二、对"松辽区域文化"可持续发展建议的梳理 …… 65
三、影响区域文化可持续发展的文化因子 ………… 66

第五章 加强松辽区域文化的理论研究
一、松辽文化理论研究的区位维度 ………………… 79
二、中华文明的宏阔气象是研究的底色和背景 …… 85
三、松辽区域文化在世界文明进程中的历史镜像 … 88

第六章　发力文化供给侧结构性改革
　　一、认真解读和利用相关政策红利……………………………… 95
　　二、要对松辽地区的公共文化服务进行设计和优化…………… 97
　　三、抓时机、讲策略，加强国际传播能力……………………… 103

第七章　引导松辽区域文化的文化性格和社会心理
　　一、"松辽区域文化"性格是更深层次的历史积淀…………… 113
　　二、"松辽区域文化"性格是对自身文化个性的追求………… 116
　　三、用不断抬升的文化民生的"底线"刻度氤氲文化性格 … 121

第八章　把文化普及放在与文化创新同等重要的位置
　　一、用区域历史文化的往古之梦激发年轻一代的热情………… 129
　　二、充分发挥非物质文化遗产的文化"载道"和教化功能…… 137
　　三、优化"松辽区域文化"的宣传手段、内容和平台………… 138

第九章　文化认同与文化自信互构共生
　　一、让有理论基础的认知坚定文化认同和自信………………… 145
　　二、区域文化可持续发展的个性演绎…………………………… 147
　　三、区域文化可持续发展的他山之石…………………………… 157
　　四、全球化背景下区域文化可持续发展的共性设计…………… 166

第十章　让文化产业成为松辽区域经济新的增长极
　　一、加强文化产业基础理论研究………………………………… 171
　　二、松辽区域文化产业化的张力分析…………………………… 174
　　三、在松辽区域经济社会发展的大趋势中探索城镇化道路… 177
　　四、依据松辽区域资源禀赋决定发展方法……………………… 179
　　五、文化资源向文化生产力转换应遵循的原则………………… 181

第十一章　松辽区域文化可持续发展研究的启示
　　一、区域文化研究的共性视点…………………………………… 187
　　二、区域文化研究的优化性目标………………………………… 189
　　三、成果存在的不足和尚需深入研究的问题…………………… 191
　　四、研究者心路历程的文化自觉………………………………… 193

参考文献 ………………………………………………………… 196

第一章

松辽区域文化可持续发展研究的时代语境

第一章　松辽区域文化可持续发展研究的时代语境

18世纪德国著名浪漫派诗人诺瓦利斯说：哲学活动的本质原本就是怀着乡愁的冲动到处寻找精神家园。海德格尔也曾说，重返故乡是所有诗意栖居者的唯一使命。

文化哲学研究是对现实生活的反思、进步和超越。因为，在所有的价值系统中，人类对往古之梦的冲动是最高和最终的价值表征。我们都希望现实生活和心中的故乡具有同一性，具有共同的愉悦和温暖。区域文化的鲜明和鲜活，展现了乡土中国的人情之美和生存美学。地域环境是这个人、这个民族、这种区域文化甚至这种文明流变中的深邃不变的顽石，越被打磨就越历久弥新，绝不会被遗忘。因此，一个人、一个民族、一种区域文化乃至一种文明的气质和表达方式一定会受到所处地域因素的影响。

可以说，故乡文化的厚重给了我们太多表达情感的理由，"松辽区域文化"对作者而言，是书写的中心。她的历史和当下，仍有许多相互砥砺又微妙地互为补充的东西。"松辽区域文化"作为中华文明的一个切片，有太多值得深入发现和挖掘之处。

一、研究的大语境

党的十九大报告，进一步明确了新时代中国特色社会主义文化建设的定位、目标、着力点和基本要求。文化自信是更基本、更深沉、更持久的自信，对内，文化是中国特色社会主义事业总体布局中的重要内容；对外，文化软实力也被普遍视为实现国家目标的重要手段和资源。当前，从区位环境看，"一带一路"取得了积极成果，边境文旅也得到重视和开发。伴随着中国文化日益走进世界舞台中央，中国文化在世界上已不再是遥远和抽象的，而是更立体、更生动、更具活力、更具影响力的中国印象，而且必会对与世界文明的交往和共赢产生更加积极和深远的影响。建设社会主义文化强国，需要区域、民族等多个维度和主体来共同构筑中国精神、中国价值、中国力量，讲述和续写中国故事、中国篇章和中国辉煌。

走进历史深处也就是走进文化深处和生活深处。文化的实践可以说是在形而上（价值诉求）和形而下（生活的日常情态）间的上下求索。区域文化的发展涉及区域多数人的命运，更需要有理想社会共同体的大视野和长线逻辑，需要文化发展的多学科的理论依据和思想资源，需要研究群体的现代性观念和科学思维，需要把思想进一步转化成更高起点上的文化实践和文化生活。在新时代中国社会基本矛盾转化背景下，现代文化的发展能力已经超越了生产力匮乏条件下的发展能力，多年的文化实践也到了收获的季节，今天的文化生产力能够反哺区域经济社会的发展。

祖国的东北地区地处环太平洋地带，属于东北亚地区，与俄罗斯、朝鲜、韩国等国相毗邻。在对外开放总格局中，战略位置十分优越。这里南临渤海和黄海，北有大、小兴安岭和长白山，东部是茂密的森林，西部是辽阔的草原，它们与中部的大平原一起构成了山环水绕、沃野千里的生态环境，为建设温带大农业、全国重要商品粮基地、林业基地和牧业基地提供了良好的环境基础，并为发展轻工业和重工业提供了充足的原料。黑龙江、松花江、乌苏里江、辽河、图们江、鸭绿江等大小河流滋润着千里黑土地，沿海港埠和内陆口岸几乎遍布全地区。这里有风姿各异的茂林佳卉，有稀世之珍的飞禽走兽，有名扬中外的"东北三宝"……

正是在这片白山黑水森林大海之间，松花江与辽河流淌的黑土地上，众多民族繁衍、生息、奋斗，形成了中华文化中重要的一个支系

——松辽文化。松辽地区各民族文化与中原文化长期并存于世。在这块广袤的土地上，孕育的少数民族，为中华民族的发展留下了鲜明的北方民族的印记。在中国文化版图和世界文化格局中，松辽文化是一位不鲁莽的武将，同时也是一位不迂腐的文人。

当前，松辽区域文化的研究已从搜集材料到整理材料再到双重建构的阶段，松辽区域文化的实践和发展也到了进行理论总结与提升的阶段；通过区域文化可持续发展的个案研究提炼出的一般和普遍的经验和结论，进而，形成自觉而博识的实践（弗格森语）和有原则高度的文化实践（马克思语），为中华文明、世界文明的发展贡献智慧。

将"松辽区域文化"的可持续发展作为研究对象，更因为，笔者的博士论文就是《哲学视域中的松辽文化》，因为当时对松辽文化乃至区域文化作哲学研究尚处拓荒之际，既无众多同人可与切磋，也无大量成果可资借鉴。加之笔者能力的限制，对松辽文化的深刻意蕴挖掘得还远未"一户提尽古今悉"。因而，课题力求充分挖掘松辽区域文化的历史价值、文献价值和传承价值，把满足人民日益增长的对美好生活的向往作为文化创新的支点，把利民、富民和改善民生作为文化创新的目标，把文化乡愁作为激活区域文化可持续发展的动力源，将松辽区域文化的基础性理论与理论前沿、与实践创新进行融合，在平衡科学性和现实性的关系中，提炼文化研究中的"区域特色""区域讲述""区域实践"和"区域经验"，让学术研究助力服务咨政。

二、松辽区域文化的研究综述

（一）关于松辽文化的定义

关于松辽区域文化的定义，学术界还没有形成统一的论述，但核心内容较为一致：生活在祖国东北地区的人民，在物质生产与精神生产的实践中，所逐渐形成的具有东北地域特色的文化传统和文化模式。亦即，作为涵盖整个东北地区（历史和当下）的一种区域文化，松辽

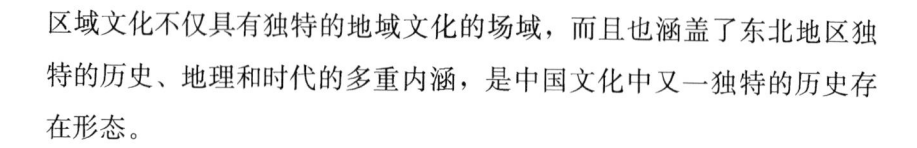

区域文化不仅具有独特的地域文化的场域，而且也涵盖了东北地区独特的历史、地理和时代的多重内涵，是中国文化中又一独特的历史存在形态。

（二）关于松辽文化的特征研究

学术界对于松辽文化的特征研究主要是从历史和当代两个维度进行阐述的。对松辽文化的历史特征研究主要集中在：第一，东北地区多民族文化的丰沛和聚合；第二，在文化交融过程中所表现出来的多民族文化的开放与兼容；第三，区域文化内部不同区位之间的不平衡；第四，松辽文化的相对不成熟和不完全。对松辽文化当代特征的研究表现为：新中国成立后，松辽区域文化的当代特征被强调和塑造。一是东北地区工业文化的形成；二是东北地区城市文化和大众文化的兴起。[①]

（三）关于开展松辽区域文化研究的原因的研究

当前，对于松辽文化的研究兴起并持续发力的原因有以下共识：第一是源于国家经济大背景即东北老工业基地的发展和振兴战略。近些年，国家非常重视振兴东北地区的经济发展，并且在供给侧方面出台了一系列推动老工业基地振兴的战略和政策，但是东北地区在文化建设方面依然较为落后和相对薄弱。因此，提升松辽文化的软实力是刻不容缓的。第二是政治背景的考量。东北地区自古以来就是多民族融合的区域，边疆地区且是多民族融合的地区的社会稳定尤为重要。虽然东北地区自古以来民族众多，但东北作为边疆地区不仅保持着和谐的民族关系，而且社会也相对稳定。作为边疆稳定和民族团结的区域典范，松辽区域文化很值得深入研究。第三是从文化背景的梳理。近年来"东北风"席卷了全国，东北地区的文化艺术持续大热。第四

---

① 韩笑：《东北电视剧对东北文化的传播》，吉林大学，2009年．

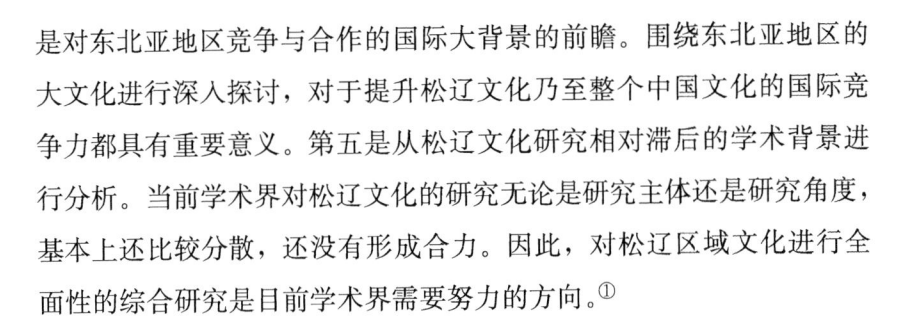

第一章　松辽区域文化可持续发展研究的时代语境

是对东北亚地区竞争与合作的国际大背景的前瞻。围绕东北亚地区的大文化进行深入探讨，对于提升松辽文化乃至整个中国文化的国际竞争力都具有重要意义。第五是从松辽文化研究相对滞后的学术背景进行分析。当前学术界对松辽文化的研究无论是研究主体还是研究角度，基本上还比较分散，还没有形成合力。因此，对松辽区域文化进行全面性的综合研究是目前学术界需要努力的方向。[1]

（四）关于松辽文化研究的意义的研究

对松辽区域文化研究的重要意义的共识主要有以下几个方面：第一，对东北文化中优秀的精神特质进行提炼。通过分析东北文化与中华文化的内在联系，发挥出东北文化对提升中华文化软实力的重要作用；第二，深入研究东北地区文化艺术的人文内涵，结合市场化效应，总结出东北文化对现代社会精神文明建设的影响，对于充分把握中国大众文化特征和走向，加快中国特色社会主义文化建设具有重要意义；第三，通过区域文化研究，加快东北地区实现社会经济转型，实现东北老工业基地的振兴；第四，在东北亚区域合作的大国际背景下，加强松辽区域文化研究，对于提升我国在东北亚乃至全球国际竞争力与影响力具有重要的战略意义；第五，提炼松辽区域文化中的优秀特质，为东北地区民众文化性格的现代转型确立一种新的价值观念。[2]

（五）关于松辽文化研究应关注的基本内容的研究

学术界对于松辽文化的研究主要是从其历史演变、民族变迁、文学艺术、与其他文化的融合、与经济发展的关系等方面入手，概括起来有以下几个视点：一是类型化研究，包括东北地区的考古文化和民族文化。关于东北地区的考古文化，当前，考古学界已经证实，与长

---

[1] 刘中树：《关于开展东北地域文化研究的一些思考》，《学习与探索》，2017年第2期，第122—125页。
[2] 同上。

7

江、黄河一样，辽河是中华文明的三大摇篮区域之一。关于东北地区的民族文化，已经被普遍认可的事实是，东北大地上，曾有众多民族繁衍生息，这些民族主要包括：肃慎、高句丽、挹娄、契丹、夫余、鲜卑、蒙古、满洲等民族，这些民族创造出璀璨多彩的民族文化，如高句丽文化、渤海文化、萨满文化、辽文化、金文化、满洲文化等。二是形态化研究。主要涉及东北地区的活态文化和濒危文化的整理，非物质文化遗产的发掘和保护。三是流变文化的研究。此类研究注重考察东北地区民间文化和正在发生流变的文化形式。四是反思性研究。主要是从文化哲学角度对东北历史发展中的独特性和矛盾性进行反思与研究[1]。

（六）关于松辽文化的研究方法的研究

对于松辽文化的研究方法，学术界认为应有多维的视野和关照，不能也不应受地域的限制，而应该在中华文化的大背景之下，立足于大文化格局，进行历时与共时的双重交互研究。而且要不断创造新研究方法，把文化人类学、文化地理学和文化展演等研究方法运用到区域文化的研究中，研究不仅要跨学科、跨时态，也要跨社会。此外，还可以从具体的研究方法入手，采用田野调查和个案分析的方法进行更深入的研究。要充分运用跨学科的多种研究方法，共同致力于为松辽文化的研究开辟更为广阔的意义空间[2]。

（七）关于萨满文化的研究

1. 关于萨满文化的内容

学术界对萨满文化的研究主要是从宏观和微观两个层面展开。宏观角度主要侧重研究萨满文化与中华文化、萨满文化与世界文化的渊

---

[1] 张丽红：《东北文化研究学术研讨会综述》，《吉林师范大学学报》，2004年第4期，第2—5页。
[2] 同上。

源关系及内在联系；微观角度的研究主要对象是萨满教的服饰、祭神仪式、致幻术等。萨满教伴随着满族、达斡尔族等东北少数民族几千年的成长与变迁，逐渐形成了较为典型的萨满文化，并成为当前松辽文化研究中的重要课题之一。

2. 关于萨满文化的保护和传承

萨满文化可以说是许多北方少数民族和东北地区传统文化的基石，是东北地区原始文化的生动写照，因而具有特殊的历史文化价值。当下，萨满文化是东北地区独特的非物质文化遗产，我们应充分尊重萨满文化自身的发展规律，通过"活化利用"萨满文化使之得到批判性的传承和保护。[1]

（八）关于高句丽文化的研究

高句丽文化的研究是学术界关于东北民族文化研究中的重要部分。东北地区在高句丽王朝建立之前就已经高度汉化，尽管在高句丽上层阶级中存在少数民族倾向，但是受时代背景影响，整个高句丽社会基本上都是土著化的汉民。可见，高句丽文化并不是自然形成，而是由中原直接或间接传入的。首先，在生产方面，高句丽接受了中原的先进生产技术，其生产工具、生活用品、军队、农商等各个方面都深受中原影响；其次，在制度方面，由于高句丽是由汉代的县级侯国逐渐走向独立，所以在行政设置和官职制度上受汉朝的影响非常大；最后，在风俗文化方面，高句丽文化也表现出浓厚的农业特色，而这种农业特色与高句丽的自然环境和其自身的征服能力格格不入，凸显着汉族文化特点[2]。

---

[1] 《传承、保护萨满文化》，《中国民族报》，2011年9月20日第5版.
[2] 姜维东：《高句丽文化渊源概论》，《社会科学战线》，2004年第6期，第136—138页。

（九）关于黑土文化的研究

1. 黑土文化的历史渊源研究

因为地处我国的东北边陲，深受边疆独特的人文与地理环境影响，黑龙江逐渐形成了风格迥异的黑土文化。与其他区域文化一样，黑土文化也是在不断与其他民族文化融合的过程中形成的，也呈现出兼容并蓄的特点。今天，黑土文化的文化因子更加复杂，既包括萨满文化、游牧文化，还包括被流人文化注入的汉族农耕文化。并且，东北地区特殊的地理位置和历史演变，使得俄侨、日侨和犹太移民等外来文化深深影响了东北地域文化，因此，黑土文化逐渐形成了相对稳定的地域文化特征[①]。

2. 当代黑土文化的美学特征研究

东北地区厚重的历史文化与鲜明的时代情结，构建了当代黑土文化独特的美学特征。黑土文化是一个复杂的文化现象，它不仅融合了多种少数民族的原初文化和传统儒家文化，而且深受多种域外或外来文化的影响，逐步形成了内涵丰富、多元共生的文化形态，冰雪文化、湿地文化、萨满文化、铁人精神和北大荒精神等都是其真实写照，并共同展现出了黑土文化雄浑、壮美的风格。

3. 黑土文化的发展趋势研究

关于黑土文化的发展趋势，学术界认为，"一是黑土文化会逐步由边缘向主流文化靠拢；二是诞生在黑土地上的许多民间艺术形式，在社会转型发展的过程中，会逐步从俗到雅；三是以'满汉全席''冰雪文化''东北大秧歌''二人转'等为代表的极具特色的黑土文化产品，已经为全国和世界所瞩目"[②]。

---

① 闫景阳：《黑土文化的形成与发展》，《理论与实践》，2017年第4期，第58—59页。
② 同上。

(十) 关于渤海文化的研究

从属于唐王朝并且地处中国东北的渤海国（7世纪末—10世纪初），是政治、经济和文化都相当发达的地方民族政权。目前学术界关于渤海文化的研究数量很多，但是总体研究水平依然较低。学界认为应该在以下几个方面加强对渤海文化的研究：在研究方法方面，应该加强对已有的考古资料进行解读，以弥补当前对渤海国文献记载的不足；在研究角度方面，应该充分结合民族学与文化学，多维度、立体化研究；在研究力量的培养方面，要重视渤海文化研究的人才队伍建设，实现文化研究本身的可持续发展；在研究的保障方面，应制定相应措施开展对文化遗产与渤海文化资源的保护开发工作，为深入研究渤海文化提供重要保证。[①]

(十一) 关于满族文化的研究

1. 关于满族文化风俗的研究

作为松辽区域文化中的重要组成部分，满族文化的文化风俗遍布东北的各个地区。满族风俗文化在各个方面都影响着松辽区域文化，例如：服饰、礼俗、饮食、语言、居住、婚丧及祭祀等，并且这些文化特色无论在旅游开发，还是在社会主义新农村建设方面都极具影响力。在松辽文化的发展中，逐渐沉淀出独具特色、具有深厚文化内涵的满族精神文化资源，作为宝贵的文化因子，满族文化是振兴东北、构建和谐社会的重要元素。[②]

2. 关于满族饮食文化的研究

东北地区满族的饮食文化对整个东北地区饮食文化产生了深远的影响。满族饮食文化的主要特点表现在：第一，东北地区满族饮食中

---

① 刁丽伟：《关于渤海文化研究现状及未来的思考》，《黑龙江社会科学》，2012年第4期，第150—151页。

② 施立学：《东北地域与满族文化》，《东北史地》，2008年第2期，第91—94页。

的主食以面食为主。第二，副食具有地方性与民族性。尤以猪羊肉为主的满族菜肴，烹调方法多种多样，由于天气寒冷，满族的菜肴中以火锅最有特色。第三，由于气候因素东北地区无法种茶，满族人创造了自己的"胡米茶"。酒的种类也是多种多样的，最受满族人喜爱的是黄酒。还有种类繁多的传统风味小吃。①

（十二）关于东北方言在区域文化中的价值研究

"东北话"可谓家喻户晓，有非常高的辨识度。东北地区的衣食住行、婚丧嫁娶所有方面的独特习俗都可以用东北方言形象地描述。东北人性格率真，话语直白生动，不喜欢拐弯抹角，更不喜欢磨叽。东北方言在东北文化品牌中的独特价值，使它成为松辽区域文化品牌打造过程中重要的组成部分。因为方言土语本身就是最直观的地域文化信息，辩证法的原意也正是要通过不同方言土语之间的对话而走向真理。东北方言正是松辽区域文化语态化和符号化的存在样态。②

（十三）近代以来松辽文化中的优秀精神品质研究

1. 抗联精神

抗联精神既是东北文化也是中华民族精神的重要组成部分，更是松辽文化对中华民族抗争文化的弘扬与传承。第一，抗联精神让东北文化更加刚健自强；第二，实现松辽区域文化的文化增殖需要挖掘和传播抗联精神；第三，抗联精神是松辽文化质实贞刚的实质的重要体现。因此，松辽文化的培育与抗联精神的弘扬必须有机结合。③

2. 铁人精神

铁人精神形成于中国共产党的伟大革命实践，铁人精神是我国工

---

① 范玉娇：《浅析东北满族饮食文化》，《现代交际》，2016年第12期，第110页。
② 龚北芳：《东北方言在地域文化中的价值》，《长春师范学院学报》，2007年第2期，第87—89页。
③ 袁中树：《抗联精神与东北文化传承》，《长白学刊》，2013年第5期，第120—123页。

人阶级精神风貌的真实写照，是我国自力更生精神的典型化体现和人格化的浓缩，不仅是松辽文化，也是中国精神的重要组成部分。当前，面对全球化严峻的竞争大环境，全面建成小康社会需要深入挖掘铁人精神的科学内涵，在全社会培育和弘扬铁人精神，将其融入国家发展的伟大实践中。因为，铁人精神是发展方式转变的强大动力，是攻坚克难的制胜法宝，更是铸魂树人的有效载体。①

3. 北大荒精神

在"北大荒"成为"北大仓"的实践过程中，无数"北大荒人"创造和培育了北大荒精神。关于北大荒精神的科学内涵，学术界总结为以下四点：一是敢闯新路的开拓精神；二是富国强民的大局精神；三是顽强拼搏的奋斗精神；四是勇于牺牲的奉献精神。北大荒精神的弘扬，对于加强大学生思想政治教育有着非常重要的价值。②

（十四）关于东北地区文化产业的研究

1. 东北地区文化产业发展的现状研究

东北地区的文化产业在振兴东北老工业基地一系列措施实施以来，确实加快了发展速度，但依然存在一些问题。首先，东北地区的部分文化产业，包括文创产品的经营业、演出业和会展业等仍然比较落后，直接影响了文化产业的发展速度和规模；其次，文化基础设施的建设也不充足；再次，现有文化设施的利用率比较低，表演场馆、博物馆等文化设施没有被充分有效利用，不能满足人民群众的文化活动需求；最后，政府用于文化建设方面的资金也不充足。

2. 发展东北地区文化产业的对策研究

加强东北地区文化产业的建设，不仅有助于改善区域经济发展的

---

① 沈正翔，崔建东：《大庆精神铁人精神的时代价值》，《大庆社会科学》，2012年第4期，第12—14页。
② 杨丽艳，陈文斌：《弘扬北大荒精神加强大学生思想政治教育工作》，《东北农业大学学报》，2012年第3期，第30—32页。

不平衡，更是实现东北地区可持续发展的必要条件。东北地区文化产业的发展需要从以下几个方面着手：第一要充分发挥政府职能，用好政府"看得见的手"，以完善的体制机制支持文化产业的发展。通过完善相关政策和加大资金投入，加强文化基础设施建设，同时，要加大主流媒体的宣传力度，为东北地区文化产业的发展提供保障；第二要大力培养文化人才，制定相关文化产业人才发展规划；第三要加快文化产业创新步伐，打造文化产业创新驱动的新引擎和多引擎，全面提升区域文化产业竞争力；第四要充分发挥区域民族文化优势，加强对东北地区传统民族文化的资源保护与开发工作，在实现产业化的同时也保障文化资源的可持续发展。①

（十五）关于松辽民间艺术的研究

1. 松辽民间艺术的地域化和多样化

东北地区的民间艺术类型种类繁多：在音乐方面，有山歌、舞曲和伽倻琴弹唱等少数民族音乐；在舞蹈方面，有高跷、打花棍、东北大秧歌、扑蝴蝶等；在绘画方面，有东丰农民画作、通榆年画、赫哲族鱼皮画等；此外，还有表现在石刻上、皮影上、服饰上的民间艺术形式。东北地区所有的民间艺术都有极强的东北气息、东北味道、东北气派和东北品格。东北二人转作为近些年来东北艺术的代表，已经慢慢改变了其过去传统单一、俚俗的表演形式，逐步成为融模仿、杂技等艺术形式为一体的新的展现形式。②

2. 松辽民间艺术和松辽区域文化研究的意义

东北地区是中华文明的发源地之一。东北地区的文化长期以来一直在与其他地区文化进行交流和交融。因此，加强对松辽民间艺术、松辽区域文化的研究对中国文化软实力的提升有着重要的时代意义。

---

① 修远：《中国东北地区文化产业发展研究》，吉林大学博士论文，2012年。
② 曹名明、丰雪岩：《东北民间艺术地域文化认知探究》，《艺术教育》，2017年第8期，第100—101页。

第一，系统的文化研究有助于端正民众对本国、本地区、本民族的文化态度；第二，有助于构建积极的文化交流和文化影响；第三，有助于区域经济社会建设；第四，有助于促进东北地区区域经济一体化；第五，有助于推动精神文明建设。因此，研究松辽区域文化影响下的艺术和文化构成，对促进东北地区人民生活的现代化具有重要意义。

（十六）关于东北题材电视剧的研究

1. 通过电视剧传播松辽文化的优势研究

电视剧作为一种新的文化传播形式，不仅拥有广泛的受众分布和广阔的信息覆盖面，而且在传播速度和效果方面也有非常强大的优势，电视剧对人们精神生活和情感活动的影响深刻而且持久。极具东北特色的东北题材电视剧在传播东北文化方面有着不可替代的优势：第一，快速而又准确地传播了东北地区的民俗文化，快速提高了松辽文化在全国的认知度；第二，通过认知度进一步提升了东北地区的知名度，聚焦东北地区的社会关切，全面拉动东北地区的文化产业建设；第三，在电视剧中可以发现并放大当前松辽文化中存在的弊端和与现代化不相称的地方，让东北地区的民众可以自省，让研究者的研究更有依据、更有生活层面的关照，在反思和批判中，找寻松辽文化新的发展方向。[①]

2. 电视剧对松辽文化传播的品牌战略研究

学界认为打造东北电视剧的品牌战略，以提高松辽文化的认知度与影响力，促进松辽地域文化的发展，要做到以下几点：第一，要加强对松辽文化传播者的素养和能力建设；第二，在电视剧的选题方面，要坚持历史、区位、生活、礼俗等多角度和多样化的选题；第三，要通过挖掘和打造区域典型人物和独特典故来传播松辽文化内蕴；第四，对松辽文化要去粗取精，提炼和提升能够代表和展示区域文化特色的

[①] 韩笑：《东北电视剧对东北文化的传播》，吉林大学硕士论文，2009年。

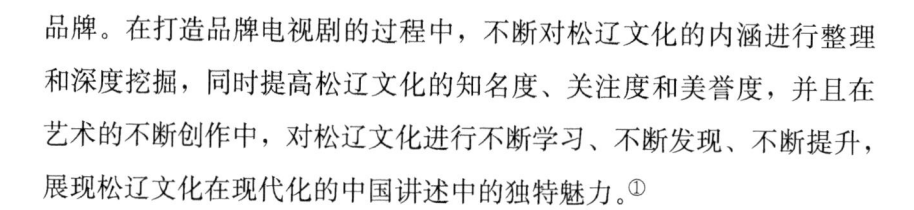

品牌。在打造品牌电视剧的过程中，不断对松辽文化的内涵进行整理和深度挖掘，同时提高松辽文化的知名度、关注度和美誉度，并且在艺术的不断创作中，对松辽文化进行不断学习、不断发现、不断提升，展现松辽文化在现代化的中国讲述中的独特魅力。①

（十七）文化性格对东北发展的影响研究

东北地区人民在东北发展过程中形成了别具一格、相互矛盾又相映相谐的文化性格，比如：包容、豪爽、奴性、轻商轻工、安土重迁和惰性。有些文化心态和文化性格需要转变和扬弃：首先就要从蒙昧野蛮向理性转变。其次是生存和生活动机的转变。东北人民安于现状和惰性的性格特点，要通过大环境的影响和刺激，来逐渐摒弃，要鼓励和引领民众向敢于创新的高成就生存动机和高质量的生活方式转变。再次要向重契约的商业精神转变。最后要由乡土观念向现代化和全球化观念转变。

（十八）关于东北地区少数民族文化对中华文化的影响研究

东北少数民族研究专家关捷在《东北少数民族历史与文化研究》中指出，从诗经时代到诸子时代与楚辞时代，生活在东北地区的多个民族创造的文化也都在不同程度上得到了发展，生活在东北、西北部地区的东胡谱系各族自成一格。在秦汉时期，北方少数民族大多为马背上的民族，由此产生的是游牧文化和狩猎文化。匈奴人在游牧区最先建立了大一统的统治格局，并多次挥师南下，与中原地区的秦汉文化多次以战争的方式相互碰撞，使松辽少数民族文化成为中华文化多样性的一部分。②魏晋南北朝时期南北文化的对峙、火花与交流使中华文化在多元辩证中不断发展。继匈奴之后，鲜卑、羯、氐等民族也

---

① 韩笑：《东北电视剧对东北文化的传播》，吉林大学硕士论文，2009年。
② 关捷：《东北少数民族历史与文化研究》，沈阳：辽宁民族出版社，2007年．

纷纷登上历史舞台，为中国多元文化走向"一体"格局——隋唐文化的强势高涨奠定了基础。唐朝时期，东北地区各民族文化对大唐文化形成的贡献是巨大的，尤其是鲜卑族文化的作用最为突出。由东北地区的森林和草原南迁至阴山脚下的拓跋鲜卑及其建立的北魏，在政治、经济、文化、民族交融等各方面，都对唐朝有至关重要的影响。辽、宋、金、西夏、元作为中华文明多元文化大发展时期的地位，也正是由南北文化的大碰撞、大交流为其奠定的。这一大段重要历史时期，东北地区民族文化的作用更是得到彰显。契丹族建立的辽国（907—1125）和女真族建立的金国（1115—1234），都曾统治过当时中国北方的广大区域，在我国多民族融合的历史上都有浓墨重彩的一笔。契丹、女真、蒙古与满洲人的兴起，加速了中华民族多元一体格局的最后完成，也加速了中华文化从封闭向开放的转化。

关于东北诸族森林文化、草原文化对中原农业文化的影响作用，费孝通先生特别就东北的鲜卑、契丹、女真、蒙古、满洲等民族的发展、迁移的历史进程进行过系统的研究和梳理，并明确肯定了北方少数民族在中华文明多元一体格局建构和塑造中的积极作用。在北方诸非汉民族为汉族地区注入新鲜血液并使汉族进一步融合的同时，中华民族、中华文明的谱系中也增加了更多鲜活的多元因素。中华文明因多民族的交融和融合呈现出迥别于其他文明的异量之美。

三、前期相关科研成果的社会评价

"论文从区域文化的角度对我国东北地区社会文化的发展演变过程，及其文化结构、文化功能、文化变迁等进行全面的考察，运用哲学思维和理论，探寻其内在发展规模及特征。它加深了我们对东北地区文化的认识和理解。"

"特别可贵的是，论文基于对松辽文化历史、结构、特点的分析，以及当前世界文化发展的大趋势，提出了松辽文化在今天如何适应时代特点，继续发展的科学建议。"

"首先，论文的创新。作者以高度缜密的逻辑推理和驾驭复杂问题的理论勇气，横跨文化史学和文化学两大学科领域，在学术界第一次把松辽文化纳入哲学视域中进行了思考和省察。

作者从文化哲学的体系出发，对松辽文化的发生论、文化结构论、文化发展论等松辽文化中最有普遍性的问题进行哲学层次的关照和精神心理分析，形成了一个用马克思主义文化哲学来解读松辽文化的理论框架，这是一次具有开创性的、令人佩服的工作。这一研究对区域文化的研究，意义重大。

其次，研究视角的创新。迄今为止，学术界对松辽文化的研究多集中于历史文化领域，作者不囿于这些，从文化哲学视角考察松辽文化的时代性与地域性，凸显出松辽文化的时代价值，这一研究非常新颖。

再次，应用性强。作者从实践的目的性出发，对松辽文化的时空性、松辽文化的发展与转型、松辽文化的可持续发展进行了分析和论述，这是论文的又一个特色。"

"这是一篇关于区域文化哲学的好文章。第一，它从哲学视域对区域文化中的松辽文化进行解读和诠释，探寻有区域特色的文化发展模式，这本身便是特色，便是论文的独到之处。

第二，它运用一般和特殊的辩证法，很好地解决了自己所设定的任务。它把文化哲学的一般和区域文化哲学的特殊、把马克思主义理论的一般和中国的松辽文化的特殊，辩证有机地结合起来，既为区域文化在全球化和现代化的背景下，寻找适合自身发展的样式，又用区域文化发展的特殊来丰富文化哲学的一般。应该说，这样做是较成功的。

第三，该文涉及面较广，既有文史哲，又有真善美，内容丰富，逻辑清晰，语言生动，并具较浓的文化风韵，所引历史诗词、名文、名句，不但有较高的分量，而且用得恰到好处；反映了作者具有较好的文字和文史知识素养。

第四，该文的哲理功夫也很不错，对文化哲学的解读和对松辽文化的诠释，特别是对松辽文化的发展转型和可持续发展问题，有许多精彩的阐述、深刻的分析和独到的见解，给人以新意。

第五，该文不仅在丰富和深化马克思主义的文化哲学研究方面有重大的理论意义，而且，对以哲学为指导通过开发有区域文化特色的文化产业促进整个区域经济发展，都有重要的实践价值。

总之，正像该文开篇时读到松辽文化是一位'不鲁莽的武将''不迂腐的文人'，它'时而气势恢宏''时而才情兼具'，'冷峻之处可以凝聚神思，苍凉之处可以领悟精深，豪迈之处可以才情横溢'，这里的'神思''才情''气势'和'精深'，在某种意义上，也可看作是该文的自我写照。"

对松辽文化的情感是课题研究的最强劲支撑，每当向广袤的松辽大地回首，我都能看到它姿彩的绚丽与丰富的蕴藏。当我把这片英雄而美丽的土地推介给世人时，已经瞬间千百回地感悟到了：深埋在林海雪原之下的是祖先们火热的生活。走向历史深处，也就是走向生活深处，更是走向文化深处。

论文从马克思主义文化哲学的视域，对区域文化中的松辽文化进行了解读和诠释，为全球化背景下的区域文化的可持续发展提供了理论智慧，对一些根本性问题提出了一些创新性见解。

由于论文立足于创新，因而对松辽文化与中华文化的关系问题的研究，需要进一步拓展和深化。总之，课题选题新颖、立意高远、视野广阔、论据充分、文字流畅、逻辑严密、内涵丰富、现实感强，具有一定的开拓性和较高的学术品位。

该课题很有时代感，具有重要的理论意义和现实意义。开创性地对一种区域文化做哲学研究，试图回答文化可持续发展的一些理论难题，很有说服力。发挥了哲学思维的优势，具有理论阐述的高度和深度，很有特色。论文的选题具有很大的难度和挑战性，需要有勇气去面对。论文的写作首先需要整理文明的碎片，然后在此基础上再做哲学上的研究，这实际上是双重建构的过程。

第二章

区域文化的松辽演绎

第二章 区域文化的松辽演绎

历史地理的生态环境制约着甚至决定性地影响着民族文化格局，决定着文化起源的本土性，构筑了多种不同的人文发展机遇和文化区域，形成了多元文化区系和相当复杂的文化谱系。松辽文化是以松花江、辽河流域为地域依托，渊源于历史上人与自然及人与人之间对象性关系而形成的特定的生活结构和观念体系，亦即在祖国东北松辽大地上形成的物质文化、制度文化、思想观念和生活方式的总称。

马克思指出："说人是肉体的、有自然力的、有生命的、现实的、感性的、对象性的存在物，这就等于说，人有现实的、感性的对象作为自己的本质即自己生命表现的对象；或者说，人只有凭借现实的、感性的对象才能表现自己的生命。"[1] 我们也可以说，松辽人民正是由于有了松辽地域这块得天独厚的宝地，才有了自己的生命，有了展开、丰富、发展自己本质力量的可能性，才有可能在物质领域和精神领域表现自己的生命，从而获得生命的历史发展和现实创造。松辽大地是松辽人民不可缺少的确证自己生命历史的对象，是唤醒松辽人民为自己生存、发展和享受所必需的本质力量的现实条件。这里的山脉、河流、森林、草原是松辽人民的物化对象和改造对象，是松辽人民的审美对象，是促使其展开资源丰富的自然美及其历史神韵的对象。没有松辽人民在这里世世代代地繁衍、生息，松辽的山山水水不过是一种无人知晓的纯客观的物质存在，而不会有如此鲜活的历史文化画卷。

地理环境的某些特殊属性，为松辽先民在劳动中将自己从狭义动

---

[1] 《马克思恩格斯全集》第42卷，168页，北京，人民出版社，1979。

物界中提升出来提供了必要的条件。正是自然界中具备了与特定的劳动对象相联系的特定的制作工具的材料，使得松辽先民能够通过制造工具以形成社会性的原始生产力，从而将自身从狭义动物界中提升出来。东北地区森林、草原、湿地广阔，河流纵横、三面环山一面临海。兼具大陆性和海洋性两种气候特征。气候冷暖多变，特殊的自然地理、人文地理环境和与之相联系的生产生活方式，造就了松辽地区各民族坚强的意志、挺拔的精神、爽朗的性格，也给他们的文化带来了一种雄健豪迈、清新自然、质实贞刚的格调。因此，历史上的松辽文化包含着草原游牧文化、森林文化、渔猎文化，以及少部分的农业文化，而且以草原文化为基本形态。

一、地理环境对松辽原始人类物质文化类型的制约

马克思指出："不是土壤的绝对肥力，而是它的差异性和它的自然产品的多样性，形成社会分工的自然基础，并且通过人所处的自然环境的变化，促使他们自己的需要、能力、劳动资料和劳动方式趋于多样化。"[①] 处于不同的地理环境中的人类各分支，总是在实践中逐步探索如何按照自然环境的特征来选择最适宜自身生存和发展的、与自然做物质交换的特殊方式，在这里，自然环境是重要的；没有特定的自然环境，也就不可能产生特定的与自然做物质交换的方式。松辽地区拥有山环水绕通四邻的地域环境。连绵起伏的大、小兴安岭，巍峨高耸的长白山，逶迤分布辽西、辽东的丘陵，沃野千里、富饶辽阔的大平原，共同构成松辽大地的多样多姿的地貌。滚滚松花江、滔滔辽河水，奔流入海的黑龙江、乌苏里江、鸭绿江，平似镜泊、静如天池的大小湖泊，构成这片黑土地上不息流淌的血脉。其直如弦、弯似钩的从鸭绿江口至山海关头的海岸地貌，劈开黄海、渤海的利剑般的辽东半岛，大珠小珠落玉盘的长山群岛，海陆交会，气象万千。寒暖分明

---

① 《马克思恩格斯全集》第23卷，562页，北京，人民出版社，1979。

的气候，土黑壤肥的土壤，林茂草丰的植被，构成松辽地区壮观的"三维"图景。松辽大地、山脉、河流、海洋，以其母亲的胸襟养育了世代松辽地区各民族儿女，孕育了富有特色的松辽地域文化。

地理的差异性和天然产物的多样性，带来了社会分工的多样化，不仅使松辽地区不同民族具有不同的与自然做物质交换的特殊方式，由此形成物质文化的不同类型，而且每一物质文化的类型中都既有一种占主要地位的与自然做物质交换的方式，又有其他的方式作为其必要的补充，从而大大丰富了松辽地区各民族的物质文化生活。法国学者佩鲁指出："经济体系总是沉浸于文化环境的汪洋大海中，在这种环境中，每个人都遵守自己所属群体的规则、习俗和行为模式。"[①] 从生产方式看，松辽地区有农业、渔猎以及农、牧、渔相结合等多种经济形态，反映在文化形态上与其经济状况相适应，则产生了农业文化、草原文化、渔猎文化和农、林、牧、渔兼有的混合型文化。黑土地铸就了松辽人的精神与襟怀。松辽地区的农业文化，通常被称作黑土地文化，大致分布在松辽平原、松嫩平原和辽河两岸汉族居住区，以及东南追貊族生活的地区。农业文化是松辽文化中的先进文化部分。西部大兴安岭两侧草原地带为东胡系民族活动的历史舞台，属于草原文化的摇篮；而东北部肃慎族系各族则以渔猎为主，或为农、牧、渔兼有的混合型文化，其文化中有先进也有落后成分，带有很大的原始性。在一个地区里包含有多种文化类型，这乃是松辽文化的最大特点。松辽地区各民族在特定环境的适应方式与改造过程中产生了松辽文化特质。生存环境和经济生活的多样性，造就了松辽文化的个性特征。现实的物质生产活动中产生的特定民族文化意识，又成为影响这些民族生存与发展的基础——经济生活的要素。由松辽文化特征所赋予的价值观念、道德意识、行为偏好、选择方式等，成为松辽地区各民族特

---

① 弗朗索瓦·佩鲁：《新发展观》，丰子义、张宁，译，北京：华夏出版社，1987年版，第19页。

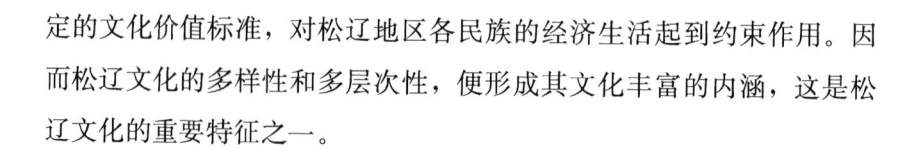

定的文化价值标准，对松辽地区各民族的经济生活起到约束作用。因而松辽文化的多样性和多层次性，便形成其文化丰富的内涵，这是松辽文化的重要特征之一。

二、地理环境对于松辽文化的发生起着重要作用

马克思根据自然富源在社会物质生产过程中的作用，把它们分成两大类，一类是提供生活资料的天然富源，如肥沃的土壤、大量的鸟兽和鱼类等；另一类是提供生产资料的天然富源，如金属、煤炭、石油、树木、建筑用石、水力、风力、太阳能等。在人类社会发展的最初阶段，它们是天然的"衣食仓库"和"工具武器仓库"，为人类的生活和生产直接提供所需的物质资料。马克思认为："在文化初期，第一类自然富源具有决定性的意义；在较高的发展阶段，第二类自然富源具有决定性的意义。"[①] 因此，所谓自然环境的优劣，在文化发生的早期，是由提供生活资料的天然富源的多寡来确定的。人是有惰性的，如果能像猿猴一样继续栖息在树上就能生存，他们就决不愿到处游荡觅食，更不愿用自己的肢体劳动来取得食物，那么一切进步都不可能发生。

现代西方文化人类学家拉策尔等人认为，"进步"最先降临在多风暴的地区，因为生活在那里的人们常常有失去生命财产的危险。一般说来，自然地理条件比较差的地方，使进化中的人面临自然界时产生争取自由的原始的生命冲动，去扩大自己对自然的权力，创造文化，文化发生相应也就早些。松辽各族大多生活在北方大草原、山林地带，气候较为寒冷，生活条件比较艰苦。为了求生存，总需要同严酷的大自然做艰苦卓绝的斗争，这就造就了松辽地区各民族粗犷剽悍、质朴豪爽的民族气质和刚毅品格。反映在文化上，也必然形成为一种刚健、磊落、激昂、慷慨而悲壮的格调，洋溢着奋发向上、开拓进取、乐观

---

① 《马克思恩格斯全集》第23卷，北京，人民出版社，1979年版，560页。

大度、淳朴豪爽的精神风貌。明朝文人徐渭在《南词叙录》中，曾评论金代北曲与南曲之不同，指出："听北曲使人神气鹰扬、毛发洒淅，足以作人勇往之志；信胡人之善于鼓怒也，所谓'其声噍杀以立怨'是已。南曲则纡徐绵眇，流丽婉转，使人飘飘然丧其所守而不自觉；信南方之柔媚也，所谓'亡国之音哀以思'是已。"[1] 所论确实颇有见地。清人也有类似的评论。清代著名史家赵翼在评论金末元初大诗人元好问时，也明示其因生活在北方，其诗歌艺术特色皆源于游牧渔猎民族的"豪健英杰之气"，"此因地为之，时为之也"[2]。以上所论虽说的是诗歌、音乐等的特点，但推而广之，也适用于对松辽文化特征的概括。尽管上述这些评论是对金代北方文学而言，但同样在契丹、女真、蒙古等民族身上可以得到明显的体现。松辽文化的这种古朴、质实、遒劲的文化特质与格调，千百年来相沿不衰，同江南的柔媚、"柔弱"、艳丽的风格形成鲜明的对照。

然而，所谓自然地理环境的优势与劣势，总是依人类具体的、历史的实践而在一定的条件下发生转化。一旦原先的地理环境优势由于人类历史实践而向劣势转化，原先的自然的宠儿就不能不有危机感，不能不起而应战了。当林多草丰的松辽民族在向着农耕生活过渡的时候，他们原先的游牧渔猎生活在地理环境方面的优势与农耕民族所处的大河流域相比，又转化成为相对的劣势。游牧经济具有依赖性与脆弱性。游牧民族不像农耕民族那样固着在土地上，采取定居的生活方式，而是奔波辗转，随草而移。他们的经济生活只是单纯地在有水源和草地的自然环境中放牧，水草丰茂则牲畜繁殖得迅速，水草欠缺则牲畜头数增加得缓慢。他们过多地仰仗自然、依赖自然，一场严重的自然灾害或一场大规模的战争，都可能给游牧经济以致命的打击而使

---

[1] 徐渭：《南词叙录》，《中国古典戏曲论著集成（三）》，北京，中国戏剧出版社，1979年版，第245页。
[2] 赵翼：《瓯词诗话》卷八，马亚中、杨年丰批注，南京，凤凰出版社，2009年版，第29页。

之难以恢复。牧业经济存在着极为脆弱的一面。牲畜受自然环境的影响极大，一场特大的暴风雪或严重干旱，可以吞噬数以万计的畜群。相较而言，农产品更易于贮备，因而其损失不至于这么惨重，这么不堪一击，而相对来说还有一定迂回补救的余地。游牧经济的脆弱性极不利于扩大社会物质财富的积累，不利于扩大再生产。加之他们始终处于动荡迁徙之中，肉酪皮毛可以满足他们最低的生活需求，与农耕民族相比较，其科技文化发展是相当缓慢的。

游牧民族一方面过多地依赖于自然，另一方面又表现出对农耕民族的依赖，虽然肉酪皮毛可以满足他们最低水平的生活需求，但是随着人们生活水平的提高，对农产品的需求量也就越大。粮食、茶叶、布匹、丝绸是牧民特别是其上层统治者的必需品，牧民希望通过和平互市、贸易往来，以补自己所需，这种愿望与需求比农耕民族强烈得多。

三、自然地理环境与松辽文化的地域或民族特色

松辽人民根据自身所处的地理环境选择了自己的生存方式，使松辽文化的物质文化、制度文化和精神文化都与其特定的自然地理环境有着或显或隐的互相关联。文化是人与自然的对话，你以何种方式提问，它就以何种方式回答。提问和回答的方式因具体的历史实践不同，而产生了不同的文化模式。松辽文化与松辽大地的本质的、必然的联系在于它是对大自然的挑战的应战，是对大自然提出的问题的回答，因而也就不能不具备松辽地理环境所规定的文化特色。

从物质文化来看，松辽农耕民族的生活和生产方式是与河流相联系的，草原游牧民族是与草原相联系的，在较高的阶段上发展起来的松辽商业民族与城市是和大海相联系。松辽地区自然环境的多样性，导致了松辽物质文化的多样性，使得松辽人民在衣食住行各个方面无不带有为特定的地理环境所规定的特色。而衣食住行作为松辽人民生存的最基本的要素，最明显地展示了自然因素向着松辽文化渗透和融

入的初始过程。植根于草原的游牧文化与中原地区的农耕文化相比较，生活方式具有流动性。游牧民族"逐水草而居"，哪里有水草，哪里可以牧养更多的牲畜，哪里就是他们的天下。他们常常处于一种高度分散的游离状态。这种随畜迁徙的生活方式，历史上称为"行国"。他们的衣食住行、婚丧嫁娶以至于工艺器皿、文化教育必须与其奔波迁徙的生活相适应。这一点就从根本上形成了与农耕民族的差异。农耕民族则完全依附于土地上，他们的活动受到相应的制约。为了收获农作物，必须及早地掌握天文历法、数学物理、冶铁铸造等各方面的知识。例如，在房屋建造上所反映的多种因素中，就包含了当地的气候条件和可用材料的性质等自然地理环境的因素，以及人与自然做物质交换的特殊方式。从事原始农业的人们创作了具有相对稳定的半地穴式的窝棚和草房；而从事原始畜牧业的人们则用兽皮缝制成随时可以移动的帐篷。草原民族居住的蒙古包可以就地而起，随时拆卸，说搬就搬，虽比不得一明两暗的一堂三间及工整小巧的四合院那么舒适，却适宜其迁徙变动的生活。而锐利短小的蒙古刀与结实耐用的木碗，是与其"红食"与"白食"的饮食结构类型相适应的。由此看来，游牧文化有其独到的特点。游牧民族特殊的生活方式使这个民族充满生气和活力，不拘一格，真实自然，慷慨豪放，善于吸收异质文化，主动进取。此外，我们还看到，人类对自然环境的主动的适应，同样受到生物界的自然选择规律的支配。

从制度文化方面来看，松辽制度文化具有鲜明的时代性，它展示着每一个文化主体对于社会事务的参与形式。制度文化中凝聚积淀着观念形态的文化。松辽地区特定的制度是与松辽人民的文化心理素质所达到的历史水平相适应的。例如，在松辽文化史上因俗而治，兼收并蓄的松辽各族政权的制度文化包括：夫余国君王与诸加制；高句丽国君王世袭制与职官食邑制；乌桓、鲜卑邑落大人制；前燕诸军营户制；渤海国的仿唐诸制（品阶制度、职事官与散位相分离的职官制度、勋爵制度、地方行政五京制）；辽国富有民族特色诸制（斡鲁朵制、北南面官制、四时捺钵制度、头下军州制）；金国特有的军政制度（勃极烈制、猛安谋克制）；清朝特有的制度（后金八旗制、旗民二重制、盛京五部制）等。松辽特殊的制度文化归根结底是由作为物质文化之核心的人与自然做物质交换的特殊方式（生产力）所规定的。与大河流域的农业民族相区别，游牧民族为了适应在草原上的大规模流动迁徙，形成了将生产、行政、军事融为一体的高度集中统一的制度文化。正是由于这样一种制度文化，北匈奴才能经过多年的迁徙，到达东欧平原，而又能保持在军事上的优势。而大河流域的农业民族必须维护与农业生产兴废攸关的水利灌溉等设施，必须依靠统一的政权来对付水患的挑战，因而就使得在当时的历史条件下巩固农业经济组织形式，进而建立高度集权的专制制度为农业文明所必需，成为一种广泛的地域性的特征。农耕民族为中华文明史上早熟的民族，他们较早地建立了古老而璀璨的农业文明。他们很早就建立起发达的城市，筑城郭，建宫室，距今3700年前就出现的青铜器就是其文明的主要标志。从另一个角度讲，统治阶级为了聚敛财富，也力求保证每家每户这一基本生产单位的相对稳定，千方百计地让每一个人都固定在原有的土地上履行自己对家庭、对氏族、对社会的义务。因此，创立一套与之相适应的循规蹈矩的规章制度及伦理观念，君臣、父子的家天下的社会就是其维护统治的制度模式，"孝悌""礼让"等一整套儒家之道统就是与其经济基础相适应的伦理规范。处于游牧状态的草原民族并不囿于一方一土，他们的行为模式与伦理观念也处于相对自由的状态而少受约束。与有严密的社会组织结构、建立中央集权的农业民族不同，古代松辽民族社会组织的特点是简易，"君臣简易，一国之政，犹一身也""其约束轻，易行也。"[①] 草原游牧民族实行的军事联盟性质的氏族社会制度，是军事组织与生产组织相结合的社会组织结构。但是，

---

① 司马迁：《史记》卷一百十匈奴列传，裴骃注，北京，中华书局，1982年版，50页。

这并不意味着草原民族的文明程度较低，由于处于特殊的地域从事牧业经济，草原游牧民族创建了与之相适应的完整的游牧文化的框架。但是由于文明程度偏低，幅员辽阔，不能产生自愿的联合，所以常常需要中央集权的政府来干预。

从不同民族的精神方面来看，无论是艺术还是宗教，都打上了地理环境的印记。松辽地区拥有古朴而神秘的多神崇拜的萨满教。在松辽地区各民族文化中，普遍有这个鲜明的特征，即无不打上宗教的印记。汉族主要崇信佛教、道教、儒教；蒙古族早期崇信萨满教，后来又崇信喇嘛教；而满族、锡伯族、赫哲族、鄂伦春族、鄂温克族、达斡尔族等大多信仰萨满教；回族信仰伊斯兰教；朝鲜族信奉天道教、青林教、大宗教、儒教等。还有，鄂温克族部分人信奉东正教等。总的说来，属于原始信仰的萨满教在此地区影响比较广泛，在遥远而漫长的古代，曾广泛流行于松辽大地及毗邻的西伯利亚一带。契丹人早期也信仰萨满教，历史上的女真人很早就出现了职业萨满，"满洲人"最早信奉萨满教。满族的堂子祭与家祭，赫哲族的萨满教派别，锡伯族的上刀梯，鄂伦春族的萨满神具与神歌，鄂温克族的法会，达斡尔族的萨满神衣均各有特色。萨满教最基本的观念是灵魂不灭、多神崇拜，因而形成了较为庞杂的多神信仰体系。萨满教蕴含在这些民族的日常生活中，诸如礼仪、祭祀、神谕、节日、传说以及生产活动等方面，甚至就连清朝统治者也时常利用萨满祭祀来维护其对各族的统治。过去千百年间，女真——满族等松辽各族信奉萨满教始终不渝，这种萨满文化最为完整和典型，流传至今的萨满祭祀神词，十分丰富。近年来，在我国松花江畔满族聚居区所发掘的大量满语文萨满祭祀神词，是满族萨满信仰的载体和集中表现，它真实地反映了该民族的思想意识和世界观，阐明了萨满教的宗旨和广大满族人的希冀和追求，具有鲜明的务实精神和功利主义特征。汉族人崇拜土地神、五谷神，原始艺术多与土地、水源、气候和农业相关；而草原上的牧民则向神灵祈求水草的丰盛和畜群的繁衍，其歌唱亦常常是草原上自然景色的直接写照："天苍苍，野茫茫，风吹草低见牛羊。"

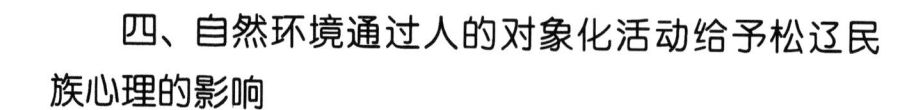

四、自然环境通过人的对象化活动给予松辽民族心理的影响

　　孟德斯鸠认为，寒冷的气候使寒带民族像青年一样勇敢，驱使人们去从事持久、艰巨而伟大的事业，使得他们能够保持自由的地位。注意到地理环境对于民族心理形成的影响，无疑是为考察民族心理提供了新的视角。然而，其具体观点看上去却又是如此的不能自圆其说：例如俄罗斯的气候不可谓不寒冷，但照样在蒙古人的统治下当了两百年的奴隶；非洲的天气不可谓不炎热，却否认不了非洲人民在殖民者到来的时候曾经整个部落冒着殖民军的枪林弹雨冲锋。黑格尔天才地意识到"我们不应该把自然界估量得太高或者太低"，爱奥尼亚的"明媚的天空决不会单独产生荷马"。[①]

　　任何一个民族的文化都有一定的客观地理环境，这种环境为塑造各民族不同的文化类型和不同的文化特性提供了外在的物质基础，在一定程度上影响着各民族文化创造的发展趋向。天高地阔，广漠无垠，夏日苦短，冬季漫长。大自然给予北方游牧民族以慷慨的赐予，同时也给予其严酷的磨炼与考验。草原游牧民族自幼习惯于马背生涯，终年追逐水草，与"采菊东篱下，悠然见南山"的田园生活有明显差异。自然环境对于松辽地区各民族心理的影响，是通过人与自然做物质交换过程中的主客体双重建构而实现的。我们不可把自然界的作用估计过高，寒冷未必一定使人勇敢，炎热亦未必一定使人怯懦。但无论如何，阴冷的气候无疑有助于阴郁气质的形成；阳光明媚的气候则易于形成开朗、热情、活泼的性格；单调一律、平凡无奇的地理环境常常造成思维性格的贫乏和想象力的缺乏；而多样的色调、鲜明的层次、富于变化的奇异风光，无疑有助于形成一种健全的、富于思维的弹性和想象力的心态。因此，松辽地区环境孕育着东北人质朴和豪爽的

---

① 黑格尔：《历史哲学》，王造时译，北京，三联书店，1956年版，第123页。

性格。

对于文化资源的开发和利用，取决于文化自觉的程度。由于"古典的古代"在进入文明社会的过程中所导致感性和理性分裂对峙，使得西方文化在两极最为发达。与之相反，"亚细亚的古代"进入文明社会的"早熟"形态，使得中国文化在感性和理性的两极都不发达，发达的是感性和理性之间相互交融、彼此渗透的艺术和工艺。这种巨大的结构性差异，刚好可以使中国与西方文化形成功能上的补充关系。而松辽文化的刚健有为与中国其他地区的文化之间的关系的情形与之类似，松辽文化的重新发现也可以为21世纪的中国及人类文明提供发展思路。

松辽人憨厚耿直，热情好客，这在满族、蒙古族身上可以得到充分的印证。如满族对客人尤为淳朴、周到、热情，凡是有来访的客人均请上位就座，敬茶献烟接待。即使对素昧平生的过路客人，也待之以礼。"辽左风俗古朴，行旅有过门求宿者，主人必进鸡黍或屠禾备刍豆以饲马骡，不问客之何来何往也。次早若少以土仪馈之则受，或徒称谢而别亦不为异。若送以银钱，则怫然坚却。"类似的例子还可以找到许多。杨宾在《柳边纪略》卷三中也曾谈到康熙初年时，"行柳条边外者，率不裹粮，遇人居，直入其室，主者则尽所有出享。或日暮，让南炕宿客，而自卧西北炕。马则煮豆麦蓟草饲之。客去不受一钱。"[①] 足见满族人是多么热情、好客、慷慨大方。蒙古人最敬重诚恳笃实之人，诚实互助是其传统美德。答应别人的事情，一定去做，尤其能助人于危难之中。明清时代，蒙古人仍以助人为乐为荣，即使是素不相识的人因为贫穷和饥饿进入蒙古包内，主人也要把自己的食物分给他吃。朝鲜族也素以"礼仪之乡"而著称，其祖先仁爱礼貌，谦虚淳厚，多文雅好客。据载"其人好让不争""行者相逢，皆住让路"。[②]

---

① 杨宾：《柳边纪略》卷三，哈尔滨，黑龙江人民出版社，1985年版，第98页。
② 陈寿：《三国志》，裴松之注，北京，中华书局，1959年版，第23页。

至今，在朝鲜族聚居地区，邻里关系相处都非常和睦融洽，人们彼此互帮互助，交友以信。松辽地区各民族这种质朴豪爽、诚实憨厚、热情好客的风气历久弥新。

松辽地区地域辽阔，地形起伏多变，同一区域内不同地域的自然环境常常有较大差异。虽然我们不可简单划一地断定地理环境对于地域和民族心理的影响，但以下一些事实似乎是毋庸置疑的：自然条件、生活条件与历史条件相互作用，造成不同民族不同的生活方式、行为方式特点。农耕民族的生活节奏相对而言比较舒缓，而游猎民族的情况则大不相同，迅速、紧张的狩猎动作经过千万次的重复，就变成了松辽民族世代传承的思维定势。东北民族的生产生活方式不允许留下更多转弯抹角的时间，性格直爽率真沉淀于民族心理的潜意识当中，成为民族思维方式的一个重要特点。

与尚农、务实、要求稳定安居的农耕民族文化心态不同，松辽游牧民族由于生活的迁徙性、变动性而形成生活俭易、民风淳朴的习性。安土重迁，乐天知命，崇尚和平，这是农业民族的精神倾向；而草原民族则具有明显的军事天赋，其原始性的军事组织具有很高的组织纪律性，好勇善战，极大地丰富了中国古老的军事文化。与主张"亲亲""尊尊"、强调仁义王道的农业民族的伦理政治传统不同，"贵壮健，贱老弱""少礼义，好射猎""高气力，轻为奸""苟利所在，不知礼义"，松辽民族自有其不同于中原文化的生活价值观念和道德传统。

农耕文化的文明程度相对较高，文明经历时间较为久远。但也正是因为其文明和早熟，他们的思想与行为受到种种繁文缛节的束缚。而草原民族处于游牧状态，他们不局限于一方水土，他们的行为模式与观念相对自由而少受约束。游牧的生活方式与奔波动荡的军事生活有相类似的一面，马背上的颠簸适应纵横驰骋的战争的需要，传统的荣辱观念的教育激励了他们坚韧顽强的斗争精神，较为艰苦恶劣的自然环境及其维系生存的手段铸造了他们强悍的体魄、灵活的应变能力及吃苦耐劳、忍辱负重、坚韧顽强的文化素质，所以他们可以在很短的时间内展现出巨大的民族凝聚力和一往无前的开拓进取精神。所有这些特点，不能不从人与自然的关系及地理环境方面给予人类心理的影响来寻找部分的解释。

当然，地理环境对于文化发生的影响，是通过一定的中间环节实现的；没有一定的中间环节，连地理环境是什么也无法说明。在人类创造文化的活动中，人和自然是同时起作用的。以孟德斯鸠为代表的自然主义的历史观只看到了自然界作用于人，认为只是自然条件决定人的历史发展，而没有看到人也反作用于自然，改变着自然界，为自己创造新的生存条件。离开了人的存在，离开了人的现实的生命活动，任何自然地理环境都是没有意义的。自然地理环境只是通过人类活动的中间环节，才能给予人类文化的发生以巨大的影响。在人类的历史活动中，松辽人民"消化"和"吸收"了自然界给予的影响，从而形成了和中原民族不同的与自然界进行物质交换的手段和方式，不同的衣食住行的生活风貌，不同的性格和气质，乃至制度文化和精神文化的某些特征。没有松辽人民的活动，没有他们应付挑战的能动性，就不可能创造出松辽文化的历史风貌。

当代文化人类学家在考察自然地理环境与文化的关系时还发现，文化对于自然地理环境的依从关系，本身就是多种文化因素作用的结果，并不是直接对应的关系。这一发现丰富了文化哲学关于地理环境与文化之关系的学说，为解释当代人类学提出的一系列难题提供了新的思路。例如，为什么相同的自然地理环境中不同的原始部落却会有不同的文化？为什么在环境发生了变化的情况下，某些文化特征能够继续存在，而有些文化特征却没有得到应有的发展？诸如此类的问题，只能用介于人与自然的关系之间的多种文化的因素来说明。介于人与自然的关系之间的文化因素，除了人与自然之间物质交换的方式外，还有社会意识的各种因素参与。在人类文化发生时期，原始的宗教意识乃是制约人与自然的依从关系的一个不可忽视的重要因素，许多特异的文化现象都可以由此得到说明。至于文化特征不随地理环境变化而变化，则需要用文化的传统或惯性来加以说明。

在更为宏观的视野下考察不同民族文化的优点与缺点、长处与短处，在比较文化研究的基础上，我们认识到，作为感性生命的强烈表现，松辽人民的文化是对人类感性生命力的探究。唯其如此，松辽文化的感性生命才可能在传统与现代的交融中显得富有生机。

第三章

松辽区域文化可持续发展的相关界定

第三章　松辽区域文化可持续发展的相关界定

"松辽区域文化"对课题组而言，是言说和书写的中心。她的历史和今天，都有许多相互激励互为补充的内容。"松辽区域文化"作为中华文明的一个切片，有太多值得深入发现和挖掘之处。

一、课题的问题域及研究意义

在祖国东北地区的白山黑水之间，众多少数民族人民一起，创造了质实贞刚、刚健自强的"松辽区域文化"，为中国文化版图和世界文化格局印上了鲜明的松花江、辽河流域北方民族的痕迹。当前，释放和发挥群众文化创造活力正成为国家层面的文化自觉，这种自觉也引领民族文化实践不断汇聚和升华出更宏阔更绚丽的生活世界。习近平总书记强调，正确对待不同国家和民族的文明，正确对待传统文化和现实文化，是必须要把握的重大课题。[①]

今天，承载万众期待的东北老工业基地的凤凰涅槃，更需要文化的力量。

当前，"松辽区域文化"研究主要有以下特点：

首先，对地域地缘的文化研究与区域经济社会大发展的结合更加紧密。对松辽文化的认识和研究正日渐超越学院派的经院学术研究的

[①] 习近平：《从延续民族文化血脉中开拓前进——在纪念孔子诞辰2565周年国际学术研讨会暨国际儒联第五届会员大会开幕会上的讲话》，《孔子研究》，2014年第5期，第5—9页。

范围，而是以建设中国特色社会主义文化为背景和主题，以挖掘区域优秀传统文化为基点，结合国家自信教育、伟大复兴教育、爱土地爱家乡教育，对"松辽区域文化"物质和非遗进行挖掘、研究和开发利用。

其次，从研究的着眼点看，对松辽地区文化典籍与文化遗存的搜集、整理、保护、展示和普及正蓬勃发展。在具体实施上，松辽文物实物收藏、影像音像记录、语言文字的保护、地方文化创造者和传承人的发现和培养，对有松辽区域特色的民风民俗、民间文学艺术的全景式普查、对濒危文化的抢救修复等方面的工作，都取得了明显成绩。特别是在古籍的整理研究、历史人物和历史事件的研究、非物质文化遗产的保护与研究等方面，取得了大量有价值、有影响力的成果。

再次，从研究的扩展和提升上看，松辽地区物质形态的文化研究不断获得向精神世界延伸的空间。特别是对"松辽区域文化"特征在学术语言、文艺理论、民风民俗、人文地理等多视角、跨学科的合作研究和全方位探索，使文化的社会意识层面的存在感和质感不断被感知和认同，也使文化创造的实践不断在创新的呼唤中获得发展的动力和源泉。

最后，从研究的发展大势上看，对松辽文化的研究正不断超越松辽各省区位从自身向更大范围的大区域协同方向的研究发展。作为地缘政治和文化的两个必须具备的考量和常量因素，"区位"和"空间"也是区域文化研究的基础和基调。松辽区域文化是中华文化宝库中的精品和璀璨的文化明珠。一段时间以来，不同区域的文化研究者对各自甚至是跨区域研究的文化个案所进行的持续和深入的研究与挖掘，使得日渐纷繁和成熟的研究成果更多地被呈现、被关注、被放大，这些个案成果为我们从哲学角度同时对文化区位、文化空间与文化时间的交叉交互的关系和轨迹进行梳理，尽可能全方位地把握纵深意义和广远意义上的文化及其变迁的规律，提供了丰厚的研究基础和素材。

因而，在全球、区域、空间等维度的多层多重观照下，审视中国广袤大地上的地域文化的异量之美,深入开展"松辽区域文化"对经济社会发展的作用问题研究,探求"松辽区域文化"的形成、演变轨迹和规律,把握"松辽区域文化"与经济社会发展的互动关系,充分发掘"松辽区域文化"中的独特和具有标志性的文化因子,开发利用好松辽地区文化物质、文化资源和非物质文化遗产,培育松辽地区新的经济增长点并形成经济增长极,推动"松辽区域文化"经济社会持续、快速、协调发展,是当前"松辽区域文化"研究中亟待深化的热点。

"松辽区域文化"概念的选取,依据于《中华地域文化大系》一书对文化区域的划分。与文化史学、民族学、文化地理学、社会学等对地域文化的研究思路不同,"松辽区域文化"研究的思考路径是文化哲学层面的,"文化时空""记忆""传统""文化转型"等概念是研究的核心概念。尤其要把对"松辽区域文化"可持续发展的省察置放于"全球化""'一带一路'发展倡议""大协同发展战略"大时代语境中,这样才能使"松辽区域文化"发展的个案的分析具有现实意义和时代诉求。

从当代中国社会发展与现代化的时代要求出发,在普遍与特殊、一般与个别相结合的过程中,系统反思某一种或几种具体的区域文化,对于中国现代化文化发展战略的制定,具有切实的理论意义和实践价值。

二、研究的基本思路和基本内容

1. 基本思路

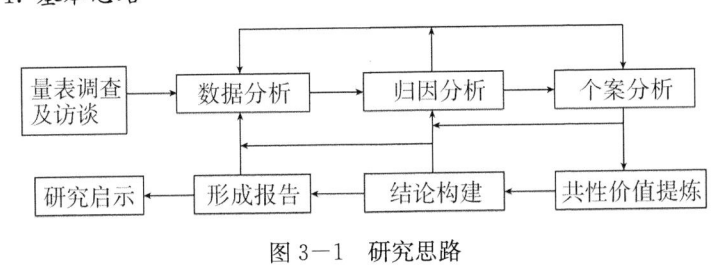

图 3—1 研究思路

如图 3-1 所示，课题采用随机抽样量表调查和访谈的方式进行数据收集，再根据调查所得数据进行统计和数据分析；在归因分析时进行反馈设计，确保数据分析完整正确，进而保证归因分析的完整和准确；在结论构建过程中也建立了反馈机制，保证在探究过程中也可以追溯数据至归因分析与数据分析，再次保证数据资料完整真实以及处理方法的科学性；在对所获取的发展的开放性建议进行分类和聚焦的基础上，对区域个案的发展路径进行描述，并特别将课题组运用我们的文化哲学研究方法在社会学领域的延伸并就某种具体区域文化产业化发展的思路进行全景提供，在综合所有可以攻玉的他山之石后，构建和提炼区域文化可持续发展在全球化镜像中的框架设计；并在对松辽区域文化发展实践的检验中形成研究报告，提炼出在更大更多区域可以推广的结论和经验。

全球化时代，任何国家和民族的文化都必须提升认识自身和其他多元文化的文化自觉；都更应有志在鸿鹄的宽阔胸襟和进取精神，都应该把眼界、格局和抱负转化成实践能力和具体的行动步骤。文化自觉肯定不是能够轻易就达成的目标，它需要首先认识和理解自身文化，并有机会与其他文化进行交往和交流；并且也只有在接触中才有可能在日渐形成的多边、多维和多元的文化世界中定位自己的文化；之后，再经历主动和自觉的选择和磨合，才能与世界其他文明互相学习互相借鉴，在博弈中共同建构起各种文明都能相互认可、共同接受、发挥优势、协调发展的秩序和原则。"文化自觉"需要有这样一些表征：首先，文化自觉是一种度德量力的能力。也就是说，生活在一定国家、区域文化中的人要对自己所属的文化的来龙去脉、历史渊源、文化特色、发展态势和未来方向有比较清醒的认识。没有这种自知之明就很难达成在更大范围中的对自身的确证和定位，也很难主动进行时代背景转换中的文化转型，也不会思考自身文化发展的困境和张力，更难完成向现代的转型和飞跃。其次，文化自觉意味着所有的文化研究都必须要直面发展中的现实状况，发现问题、提炼问题、回应问题、解释问题和解决问题；所有研究的发力点也都应直指社会生活中人的生存和发展的诉求，都要把所有来自生活的智慧反过来反哺民众的生存，正如马克思一贯秉持的态度：如果哲学不直面现实、不直面生活，不关心在现实中生活着的人的生存境遇和追求，那么，哲学和所有研究就只能是在概念中兜圈子。再次，文化自觉本身就是一种前瞻、感召和愿景。它需要我们每一个哲学社会科学工作者、每一个自然科学工作者、每一个研究者甚至每一个生活在世界上的人，都能够跳脱出生活的有限、琐碎、凌乱和狭隘，都能在更高远的人生意境中获得自身的自由和解放。

本研究站在现代实践和哲学发展的前沿，从文化哲学视域对"松辽区域文化"的可持续发展进行解读和诠释，发掘其可持续发展的价值底蕴，着力于自觉的可持续发展观的建构，着力于现实实践的价值检讨，着力面向未来，探寻"松辽区域文化"可持续发展的张力和实现的途径，展示区域文化可持续发展研究的中国特色。

区域文化的研究离不开与其他区域、其他国家或民族文化文明的比较，把"松辽区域文化"与中国其他区域文化进行对比研究，会使所有区域文化都在他者的镜像中彰显各自更鲜明鲜活的特点。

2. 主要内容

本研究涉及对"松辽区域文化"可持续发展的哲学解读，"松辽区域文化"与中华文明的关系，民众对"松辽区域文化"的认知认同情况，"松辽区域文化"可持续发展的影响因子的提炼，以及对其可持续发展张力和发展路径的分析等。拟解决的关键问题是如何使"松辽区域文化"被认知认同，如何实现文化自觉和文化创新，如何释放文化生产力，又如何实现可持续发展。

据此，本书将围绕以下内容展开。

通过对"松辽区域文化"的演进中的特质、对中华文化格局的作用、流变特征等进行描述，将"松辽区域文化"既可以驰骋于沙场，又可以纵横于学术的刚健自强的文化机制予以呈现。

可以说，对东北地域文化的所有著述和研究都体现了东北地区人民对自己所属区域文化的认识、认同和觉醒，这种觉醒是区域文化主体勇敢面对其他区域文化、民族文化乃至世界文化的冲击的表现，就像我们每个人都是在离开故乡时才发现自己拥有故乡一样，认同和身份的确认与外部的冲击有关，也正如黑格尔所认为的那样，有了自我意识，就一定会带来觉醒和实践力的延展和扩张，有目的、有动力、有机制、有设计、有胆识地发现自我和创造未来的实践本身，就已经是文化自觉。

区域文化体现了各民族、各地区人民在探索适合本国、本地区政治、经济、文化、社会、生态的发展实践中展现的强烈的文化创造和创新的主体意识。课题既要对有关见解进行证明和确认，也要揭示"松辽区域文化"可持续发展的逻辑，更要探寻这种区域文化与整个中国文化之间关系的重要性及其发展特征，为现实的丰富的区域文化的可持续发展实践提供借鉴。

超越狭隘的历史经验，将文化视作有生命力、有人性、有人格、有修养、有积淀、有情怀、有格调的存在，既看到它旧知的邃密，也看到它新知的深沉；既懂得珍视和发展自己区域的自己所属民族的文化传统，又懂得尊重和赏鉴他者的文化传承，我们的文化发展必将收获更多的尊严、淡定、从容、雍容和优雅。

三、研究方法及研究过程

1. 研究方法

本研究用马克思主义社会科学方法论为指导，根据课题研究的实际需要，用"田野调查"的方法，将参与观察作为研究的重要手段，依据"实地调查"的原则，选择有特色、有代表性、与研究者有特别联系的区域作为调查点。一方面，通过开座谈会、研讨会等多种形式，对松辽区域文化的可持续发展进行描述和梳理；另一方面，又在区域文化的唤醒、启蒙和宣传中推进文化发展，在发展实践中提炼更高位阶上的发展原则，并在更广泛、更深入的实践和推进中验证和实现区域文化可持续发展的原则。

文化的区位分布，构成了文化区域的异量之美。异质性和特殊性，是区域文化研究的出发点，更是区域文化研究和区域文化本身能够可持续发展的原因和魅力所在。文化因地缘而获得的差异性本身，就已经包含了人类学、民族学、语言学、民俗学、地理学、文化学、历史学等多学科的共性研究的元素。"有代表性"和典型性是因为，松辽地区悠久的历史和优秀文化遗产，在中国文化版图和世界文化格局中，是一颗璀璨夺目的历史明珠。研究这一质实贞刚、刚健自强的文化，对于丰富中华文化宝库，增强中华民族文化的凝聚力，强化华夏文明的感召和纽带作用，形成时代精神和民族特色相结合的与社会主义先进文化相一致的文化体系，推进中国特色社会主义建设，都具有重要意义。

"有特殊联系"是因为，本研究对"松辽文化"概念的选取，依据于《中华地域文化大系》一书对文化区域的划分。将"松辽文化"的可持续发展作为研究对象，是希望能通过分析这段历史风物的变迁，了解中华文化的宏阔气象。

之所以选择松辽文化作为研究对象，还因为笔者对此文化区域也有一种体认，对松辽文化的切身体验有助于对这种文化的某些文化因子做出更贴切的评价和选择。

课题组通过实地考察和调研，获取了松辽民众对区域文化认知情况、松辽区域文化的基础理论研究状况、东北地区各级政府对文化建设的投入情况、文化供给侧结构性改革情况、松辽区域文化性格的培育情况、松辽区域文化普及与创新情况、松辽区域文化认同与文化自信情况、松辽区域文化产业化的格局等数据信息和文献资料。在此基础上，提炼出松辽区域文化可持续发展的影响因子，对松辽地区文化资源综合竞争力的优势和劣势进行分析，对松辽区域文化和其他区域文化的可持续发展的路径进行比较分析和量化评价；然后运用文化哲学、文化地理学、文化史学、社会学、战略学、经济学、民族学、民俗学、传播学、旅游学、文化创意产业学等学科理论或体系，以及其他与文化传承相关的理论，对松辽区域文化可持续发展的原则、目标、体系和布局进行分层次和分类别的研究，同时对松辽地区文化产业发展进行了探索。

  课题结合了文化地理学、文化史学、社会学、文学理论、媒体研究与文化人类学等学科门类的理念和方法进行研究。课题组非常熟悉松辽地区的民族成分、人口、历史、地理和民族支系等各方面的情况，并多方收集相关的文献资料和地方志资料。课题组就研究主题设计了详细的调研提纲和问卷。并通过多种方式取得东北地区各级政府的支持。课题组选用了结构型访谈和无结构型访谈等方式进行调研，并认真倾听了松辽人民对民生文化的看法和意见。第一，选定能代表"松辽区域文化"的核心要素，进行历史纵深考察，来探讨"松辽区域文化"的历史空间变化；第二，借鉴其他学科的具体的研究方式和方法；第三，用系统论的方法，将"松辽区域文化"置于中华文明的大格局和全球化场域中，同时观照其他区域文化的发展，并时刻不忘展示作为背景和底蕴的整个中华文化的宏阔气象。在具体方法上，运用了文献搜集和整理，田野调查，问卷和访谈，统计样本和数据挖掘，以及文化产业战略设计等方法。

  具体研究方法包括但不止以下几种：

  （1）文献法。查阅近三十年文献资料，注重近五年的新研究成果的考察评估，确保研究成果的连续性和前沿性；

  （2）抽样调查法及访谈法。力争大样本数据，除课题组所在学校的学生样本外，对不同规模类型的大学、省份、城市、社区、村镇等均有调查分布；

  （3）统计分析，计算机数据处理法。通过对数据的计算机处理与统计分析，建立相关数据库，为建立可持续的信息支持系统奠定基础；

  （4）文化哲学解释。多学科整合分析研究对象，给出多学科的解释与分析,既正确反映现实,也为今后区域文化的可持续发展提供思路。

2. 研究过程

因为本课题研究涉及松辽文化与中华文化的关系,松辽文化的现代价值,松辽文化可持续发展的张力和路径的分析,所以特别需要采用田野调查法、参与观察法、深度访谈法等收集资料,还需要进一步把通过参与观察和深度访谈获得的资料与松辽地区和松辽文化研究相关的文献、报道和文件等资料进行综合分析。因此,课题组做了如下工作。

第一,进行广泛深入的调研。

课题组成员分赴内蒙古、湖北省、山东省、辽宁省、黑龙江省、吉林省、浙江省、上海市、江苏省、河南省、河北省等地进行了调研;特别是在内蒙古、辽宁省、黑龙江省、吉林省等地采用参与观察法等做了持续多年的大量调查工作。调查对象包括国家公务员、国有企业/事业单位职员、民企/外企公司职员、专业技术人员、自由职业者、军人、工人、商业服务业人员、居/村委会干部、下岗/待业人员、农民等。调研也让我们更深切地看到了家乡人民多种多样的民生,也接近过他们最真实的困境和内心的柔软,也更愿意去追随去实现费孝通先生一生所追求的人生大选题和大课题,那就是——"志在富民"。愿我们课题研究的历程既是松辽文化的宣传队,也是松辽文化的播种机,把文化启蒙的种子播撒在所到之处的每一片土地和生活在其中的人民心中,有一天这些文化的种子会生根发芽茁壮成长,愿我们的文化普及和文化宣传能唤醒更多人的文化认知、文化认同,实现否定之否定之后的文化自觉和更高发展阶段的文化自信!

2013年,作为北京大学的访问学者,课题主持人参加了北京大学马克思主义学院举办的赴河南安阳社会实践考察活动,参观了红旗渠、殷墟、中国文字博物馆、太行大峡谷、岳庙、羑里、袁林等中原文化的代表性区域,对中原文化有了直观和感性的理解,并将中原文化与松辽文化进行了比较研究。

2014年7月,课题组赴贵州安顺、六盘水、贵阳和重庆开展暑期社会实践活动。结合区域文化研究需要,重点考察了贵州省和重庆市的经济社会发展情况和历史文化民生等情况。在安顺市,课题组参观了世界驰名的喀斯特地貌;品味了作为古牂牁国北部中心的文化;更感受到了贵州人民的勤劳、朴实和为家乡为西部地区发展做出的努力。在感受贵州风土人情的同时,领略了国家西部大开发战略取得的成就,也更坚定了振兴东北老工业基地的信心。

在今天的黔中腹地,有六百多年的文化历史的屯堡人给了我们很大震撼。文化的柔软但坚韧的影响为我们提供了描述的范本,也让我们一方面体会到了明代西南屯田的重大意义:加强中央集权,促进了少数民族文化与汉族文化特别是农耕技术文明和儒家思想文化的交流。但另一方面,文明古老也一定会显得沉重,在充分肯定传统文化价值以及文化研究取得的成效的同时,我们必须对这本身就已经包含了矛盾的实践进行反思。正如鲍曼所说:"现代化的过程就是地理环境、人口情况和物质资料的生产方式和它创造的文化之间关系日益矛盾、日益紧张的过程。现代性和现代化迫使它创造的文化与之相对。而这种紧张和对立恰恰又是现代化和现代性所需要的对立中的统一。"因西南地区大规模降水导致了交通阻滞,课题组临时取道贵阳,受到贵阳市政府相关领导的热情接待。双方就贵阳成功召开的国际生态与可持续发展大会及贵州的发展前景进行了交流。课题组成员还应邀参观了建于原为军事要塞的青岩古镇,领略了它独特的"四教合一"的风景。

近几年,依托研究生《中国文化研究专题》课程的设计,课题主持人还带领研究生赴扬州、南京和保定进行学习实践,感受吴越文化、燕赵文化特别是中国近代军事文化,感受北京特有的王府文化、皇家园林文化等。

恰逢课题主持人获学校教学优秀奖,作为优秀教师培训团成员到美国进行了交流和学习。在美期间共访问了斯坦福大学等15所名校,游览美国加利福尼亚等7个州，参观著名景观70余处。对我们全球化背景下的区域文化的研究提供了更大范围的视野。

区域文化离不开比较研究，把"松辽区域文化"与其他区域文化对比研究，将使其特点更鲜明。调研中，调查者还就齐鲁文化、巴蜀文化、湖湘文化、吴越文化、燕赵文化、北京文化、岭南文化、西藏文化、塞北文化等多种区域文化进行了描述、挖掘、整理、反思和提炼，大大扩展了研究的视角。课题组希望在对各种区域文化的多重观照和比较中，用"松辽区域文化"的个案研究提升出对当代中国地域文化发展具有普遍性、借鉴性的结论或经验。

第二，在做访问学者期间，进一步深化对课题的理解。

2012年，课题主持人被北京市教工委选送赴北京大学做北京市高校第五期访问学者。在做访问学者时，与合作导师共同研究的课题即为"区域文化的可持续发展研究"；合作导师为云南少数民族的优秀代表，同是少数民族，我们对民族文化的发展都有强烈的使命感并有相近的研究，加之，北京大学的各位老师都才华横溢并且谦和有度，因此，在北京大学做访问学者让我受益匪浅，对课题的理解又有新的提升。2015年，课题主持人还有幸被北京市教工委选送赴清华大学做访问学者，进一步深化了对"区域文化的可持续发展研究"的认识。

第三，在本科生和研究生中普及和延伸区域文化及文化自觉。

区域文化体现了各地区人民在探索适合本国本地区政治、经济、文化、社会、生态的实践中展现的强烈的主体意识。本课题既要对一些相关见解进行确证，同时也要探寻区域文化与整个中国文化认同之间关系的重要性及其发展特征，为现实的区域文化的可持续发展提供实践方向。针对当前对区域文化基础性论述较多，系统性探讨较少的现状，课题研究从文化的时代性演进和地域性展开中探讨文化的个性与民族文化认同的深层次问题，将区域文化融入中华文化的发展中，结合当前实际，为松辽文化传统的现代化寻找支点。

因此，在课题主持人讲授的研究生《当代中国文化研究》《马克思主义与社会科学方法论》和《中国特色社会主义文化专题》这三门课程中，课题组都开展了区域文化及其可持续发展的调研，主要采取访谈的形式，以"你来自中国的哪种区域文化，该文化的特质是什么，如何实现可持续发展"为题，目前，已形成15册访谈记录和学生文稿，其中，还有一篇是多米尼加共和国留学生关于多米尼加共和国文化的阐释，给了我们别样的研究视角和启示。此外，课题主持人还指导了《北京地区地方特色小吃的调查研究》《"北京精神"在民众中的认知与行动效果评估》《四川南部地区的饮食文化调研》《北京地区传统民间工艺现状的调查研究》《从大文化的视角开发利用同江文化资源——对同江地区的调研考察报告》等二十项与区域文化相关的学生暑期社会实践调研。

强调从区域文化这个研究对象的特殊性和个别性方面来描述和提炼发展的张力，从这些众多的多姿多彩的区域文化的历史偶然性中，我们一定能窥见和发现整个中华文明乃至世界文明发展的更内隐的深层次的历史必然性。与史学或社会学等对地域文化的研究思路不同，本研究的思考路径是文化哲学层面的，尤其是把对"松辽文化"的省察置于"全球化""可持续发展"这样一种时代语境中，从而使得对"松辽文化"个案的分析具有了一种现实的时代诉求。从当代中国社会发展与现代化的时代要求出发，系统反思具体的地域文化（松辽文化），这对于中国现代化文化发展战略的制定，无疑具有切实的理论意义和实践意义。研究在普遍与特殊、一般与个别相结合的过程中展开，生动的现实性与深刻的理论性很好地结合在一起。

课题组不仅对"松辽文化"这种区域文化进行系统化研究，寻找其中具有普遍价值的资源，进行批判性解释和创造性转化，从而为文化变迁、转型中的分歧、认同衰退及重构认同提供研究视域，而且，还将"松辽区域文化"研究进行了大区域的扩展和多区域的比较研究。例如，课题组在对松辽区域文化的认知认同情况进行调研的同时，也对"北京区域文化异量之美认知情况"进行了调研。该项调研报告还获评 2015 年北京市教工委青年教师暑期调研项目一等奖。调研采用问卷调查、访谈、参与观察、实证分析与理论研讨相结合的方法，深入北京市大兴区、房山区、朝阳区等八个区县三十个小区，共发出调查问卷一千份。调研从北京区域文化的个性与民族文化认同角度，将"区域文化"融入中华文化的发展中，为京津冀协同战略背景下区域文化的传统与现代的结合寻找智慧。课题组还以湖北民族地区文化发展为例，对区域文化发展的产业化思路进行专题研究。此外，还将区域文化哲学研究的方法用于"一带一路"倡议的研究中，在历史角度、地缘政治角度、区域经济效果以及战略实施所面临风险和困难的角度之外，从文化哲学层面揭示了"一带一路"倡议生成与发展的逻辑，探寻了"一带一路"倡议与沿线各国不同文明之间关系的重要性及发展特征，为实现"一带一路"倡议，更为提供世界文化的发展、共赢、多赢和走出当代人类困境提供理论智慧和实践方向。

四、区域文化可持续发展的含义

区域文化的可持续发展研究旨在重建区域文化发展的元理论和元价值。因为，可持续发展本身既是一种观念也是一种实践状态，既是实践中的事实也是一种价值判断，既是一种概念同时也是发展观念的变革。"是每个文化个体生命潜力的释放，是每个人文化意义上的自由全面的发展。"[①] 区域文化的发展必须要与区域民众的生活境况、文化诉求、日益增长的文化需要的不断满足、人的价值、人的尊严、人的全面发展和人的自由解放联系起来进行考察；不能只把区域文化的各种人财物资源状况、区域文化的描述、区域文化发展的具体阶段，甚至区域文化发展的手段当作区域文化的发展本身。

在努力挖掘并整理和呈现区域文化的内涵和外延，也就是为松辽

[①] F. 佩鲁：《新发展观》，丰子义、张宁，译，北京：华夏出版社，1987 年版，第 4—5 页。

区域文化做加法的同时，也要为区域传统文化做做减法，要在新时代新的历史起点上，用科学性、批判性、时代性原则来审视区域传统文化，继续深入挖掘区域文化基因中的优秀文化特质，并进行时代性、创造性转化和创新性发展，将区域文化的传统与现代文化进行融通，提炼区域优秀传统文化的当代价值。进而，提升松辽区域文化的自我领导力，将区域文化的自身优势转为文化可持续发展的自觉，开启文化可持续发展的松辽区域范围内的探索和实践。实现文化发展高质量与可持续的统一，区域经济社会发展的共赢，软实力与硬实力的协同，文化发展与人民获得感的共进，让区域文化实践助力中国答卷。

区域文化的发展本质上是人的发展、是区域中生活的民众的"人之为人"的属性的全面占有，是"人之为人"的本质的全面发展，区域文化的可持续发展研究本质上是关于区域和区域民众发展的文化哲学研究。"对可持续发展进行哲学研究的目的是要揭示：这种发展实际上是一种观念，是把自由的理想照进人们生活的各种现实，达成理想与现实的和解与同一。"[1] 所以，关于发展的实证研究需要回到文化哲学中来。

首先，区域文化的可持续发展是共同愿景与区域主体实践的统一。区域文化的发展研究必须克服思考中的抽象性和实践中的空泛性，发展的研究要超越狭隘的描述主义、经验主义和功利主义范式，摒弃那些阻碍人们系统思维、非线性思维和发散思维的可见的或无形的隐喻形式。区域文化的可持续发展是对区域文化反思和追问的理论发展与区域文化实践发展的"合题"。其次，区域文化的可持续发展，将超越对自身文化的浑然不觉的状态，也将超越理解和发现自身文化的境界，为我们展现一片在对区域自身文化规律的把握中实现文化享受与文化创造的自由的天地。再次，区域文化的可持续发展是现实生活世界和美好理想世界的辩证统一。在区域文化的火热实践中，民众文化觉醒

---

[1] 西纳索为 F. 佩鲁《新发展观》一书所作的序。

与文化自觉和文化创新的理念和理想既超越于当前的生活世界，同时，这些文化创新的理念和理想也不断地渗透于生活世界的文化创造之中，不断变成一种现实的历史运动并持续得以实现。所以，我们有理由相信，"用文化反思和追问的理论和理念，来发起和倡导并推动形成可持续发展的实践，对这个超越生存有限性的努力，任何能明辨是非的人都不会弃之不顾"。

区域文化的可持续发展的意义还在于：区域文化的发展始终以文化创造的主体的生存质量、区域文化整体的发展效益为根本的出发点、归宿点和价值元点；区域文化的发展和实践反映所在区域人民的实际生存际遇、人文生态以及全民参与和觉醒的要求；区域民众对所属区域文化可持续发展的最大范围和最大限度的理解、认同、感激、积极求索和实践，构成了区域文化可持续发展的根本力量与基本保障。

区域民众作为文化创造主体，他们的自我意识和自觉意识的相对成熟是提升区域文化可持续发展的先决条件。相对成熟是指区域民众能深刻认识到所属文化区域良好的物质文化资源和非物质文化遗产是人们更高质量的生存条件，深刻理解物质文化资源和非物质文化遗产的资源存量与质量将越来越成为决定民众的文化生活质量与文化发展潜力的关键因素。相对成熟还需要民众牢固树立珍惜和保护区域物质文化资源和非物质文化遗产的观念。每一个文化个体都要强化自身的主体意识、责任意识和实践意识，同时，在民众自律能力的外部，还要用立足长远的以区域文化资源环境条件和整个中国文化乃至全球文化资源环境的有限性的硬约束，来确定满足区域民众自身需要的生产、生活和活动方式；区域民众中的每一个个人主体都应充分认识到，文化创造既是一种权利更是一种责任和信任，没有主体的人的觉醒，文化的发展就是无本之木。所以，每个文化主体都应积极参与到保护和利用区域文化资源创新发展、美美与共的区域文化的具体实践中来。

区域文化可持续发展由理论形态向实践效果转化的中介就是要确定具体的可实施的文化发展战略。世界中的每个人都归属于文化，认识所属文化的成长的规律和属性、全面理解所属文化对人的生活世界的多样的非凡的价值功能,如"确证人的文化创造的类本质""持续提供生存资源""生活世界的审美""精神文明的丰富""科学研究学术研究""归属与认同""身份与尊严""幸福与获得感""提升人文生态",等等,是实现人与历史、人与环境协调发展的基本条件。要充分认识文化对人的生存和发展的多方面的必要且贵重的功用和价值,树立起人与所生活、所归属的文化系统共生共荣、生生和谐的观念,进而复兴民众理解文化、尊重文化、创新文化的实践理性。

区域民众智力资源的开发和提升是区域文化可持续发展进程加速加力的根本动力。智力资源可以说是区域文化可持续发展的核心和主导性资源,在很大程度上,区域民众智力资源可以弥补物质文化资源的匮乏,可以最大限度地降低物质资源的消耗,从而实现区域有限的物质文化资源的效益最大和最优。要实现区域文化可持续发展就必须把开启、启发和启迪民智,把提升民众的方方面面的文化素养和文化创造、创新能力作为最优先的投资和开发领域。

区域民众作为文化创造主体的全面发展是区域文化可持续发展的终极关怀。区域文化的可持续发展要求把社会进步和区域民众自身的自由和解放作为根本出发点、发展目的和基本条件。松辽人民是松辽区域文化创造和创新的主体,松辽民众个体或群体发自内心的发展和创新松辽文化的强烈愿望和自发动力决定着松辽文化可持续发展的质量和成效。为此,就要正视不充分不平衡的发展的现实,在不断满足区域民众不断增长的物质文化需要上发力,时刻关注区域民众的文化生存境遇,在文化层面上定位民众的价值和幸福,在文化自觉中促进和实现人的文化创造本质的占有和人的全面发展。

真正有生命力有可持续发展能力的理论一定是源于区域或民族的感性经验的结构,一定是对区域人民或特定民族生存现状的认知、提炼、描述和表达,也一定能让人在对理论进行诠释、对实践大文本进行反思中获得前行的动力和激励。区域文化研究与区域文化的可持续发展，需要回到区域文化理论的源头，再次激活理论本身的反思精神与原创活力，从区域文化当前发展的实践与文化生活的细微之处，发掘区域文化可阐释的话语体系，使区域文化成为中华文明中独特而丰盈的文化个案。区域文化价值的镜像理论被重新发现和再认识并不必然导致自我孤立。中国区域文化各美其美、姿彩各异；又在美人之美中美美与共，在异量之美中时刻彰显中华文明的宏阔气象。区域文化的可持续发展必须要整理和重塑转型后的文化精神，倡导具有当下意义和指向的价值认同，摒弃守成单一的主体性，在防止区域文化孤立的自觉意识中寻找发展共识。用全球化视野、中华文明底蕴、多元一体格局、本土化行动来展现区域文化在全球化、中国智慧、中国文化自信、人类文明可持续发展趋势中的积极作用，力求达到区域故事、区域历史、区域文化的自我书写和再现，在保有和维系区域文化本土化发展运行的同时，参与中华民族伟大复兴、参与世界文明发展进程，由此构成相谐共生的文化大语境，实现充满生机与可能的区域文化、中华文明、人类文明的大建构和共赢多赢。

对松辽区域文化在中华文明中的影响力、贡献度的再确认，对松辽区域文化的域外传播力和影响力的发力平台和路径的拓展，区域之间、民族之间、国家之间的文化主体际向度对等平等的传播，需要我们凝聚更多共识性、雅态性的方案和创见，以此来呈现区域文化发展的世界历史意义。区域文化的可持续发展研究是以"活在未来"的方式、以"理想生活"的方式来演绎当下情态，重构文化的当代性理念和区域文化实践，形成区域文化的自我意识和为中华文明贡献力量的辩证法，力求提升文化生存的意义和境界。

第四章

松辽区域文化可持续发展的张力

第四章　松辽区域文化可持续发展的张力

人是创造文化的主体，文化的目的也正是服务于人；习近平总书记高度重视文化自信，将文化自信提升到与道路、理论和制度自信并置的高度，并用"更基础、更广泛、更深厚的自信"概括了文化自信的作用和地位。党中央、国务院高度重视东北等老工业基地振兴工作，多次做出重要指示。而推动东北经济社会大发展，让老工业基地再次振兴，事关松辽地区广大人民群众的福祉，事关区域协调发展全局，事关国家发展转型的大局。因此，要发现和提出东北地区发展的瓶颈和突出问题，实现老工业基地的新一轮腾飞，文化的力量不容忽视。

从2012年起，课题组就一直在各类群体中开展对"松辽区域文化"认知认同情况的调研。调查组深入东北地区的哈尔滨、齐齐哈尔、佳木斯、伊春、黑河、鸡西、大连、沈阳、锦州、抚顺、满洲里、赤峰、包头、长春、吉林、白山、四平市等多个城市、乡镇和村屯。调查对象包括公务员、国有企业/事业单位员工、民企/外企公司员工、大学生、中学生、小学生、军人、工人、居/村委会干部、农民，等等；见图4-1。

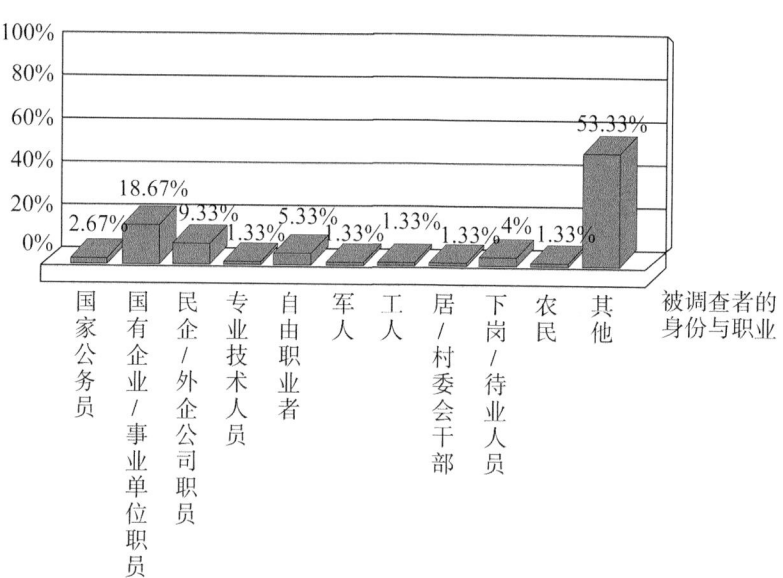

占总调查对象的比例

数据：国家公务员 2.67%；国有企业/事业单位职员 18.67%；民企/外企公司职员 9.33%；专业技术人员 1.33%；自由职业者 5.33%；军人 1.33%；工人 1.33%；居/村委会干部 1.33%；下岗/待业人员 4%；农民 1.33%；其他 53.33%

图4—1 被调查对象的职业和身份分布

调研不仅采用了网上调查，更走进松辽地区的20座城市、40个县城、205个村屯进行田野调查、实地参与和访谈，被调研人数约60000人。课题组还持续关注了2012年以来的《中国文化报》，可以说，每一篇有关文化实践的报道都被关注到了，特别是国家宏观的文化供给侧方面的报道、东北地区的所有报道、区域文化建设方面的经验介绍等都是我们最需要的内容，当然，我们在报道中也以特别的方式感受和融入了各地区人民火热的生活中。调查还参考和援引了《齐齐哈尔市历史文化资源市民认知度调查》的数据。课题组还就研究思路、研究方法、调研报告的框架、政府层面的文件和数据等，多次咨询各学科的专家学者和相关政府工作部门。

在调研中，我们既真实地亲历了松辽人民各种各样的生存状况，也触摸到了民生的最基层，也分享了松辽民众的喜怒哀乐；看到了松辽文化发展存在的问题，看到了可持续发展的张力，也看到了冰天雪地中人民生活的热情和活力，看到了蕴藏在民众中的无限的创造力；

看到了地域赋予人们的文化性格；看到了民众不断增长的文化需要；看到了松辽非物质文化遗产可开发的潜力；看到了各级政府和人民殷切的盼望；看到了民众对文化惠民的渴望；看到了松辽地区丰富的，也需要被转化成文化生产力的自然和人文资源；看到了区域联动和整合的必要性和可能性；看到了东北地区在历史上和今天为国家民族的伟大复兴所做的非凡贡献；看到了党和国家振兴东北的决心和努力；看到了松辽人民文化觉醒与奋进的信心。因此，笔者更坚定了要把这个"做到家乡大地上"的课题，当作人生的大选题，向一生"志在富民"的费孝通先生致敬和学习；此生，唯愿用我们每个人不同岗位、不同角度的努力和奉献，为东北地区、为我们各自所属的家乡的文化崛起和振兴，更为伟大祖国明天的华美、成熟、庄重、尊贵和荣光，献出我们全部的智慧和才情！

一、民众对"松辽区域文化"的认知度低于预期

关于松辽区域文化认知认同情况的调查内容有：(1) 受访者的一般情况，如户籍地、职业等信息。(2) 松辽地区历史名人、事迹和贡献等。(3) 对松辽地区名胜古迹和非物质文化遗产的了解情况等。(4) 对松辽地区历史文化的了解情况，包括松辽民间文化、风土人情的了解和列举等。(5) 对松辽地区文化传播、宣传、影响力等的了解情况，包括对所在地区文化设施满意度、文化传统认知度等方面。

问卷还设计了一些访谈题目，特别就松辽区域文化如何实现可持续发展征集了建议。

从调查的情况看，松辽民众对松辽地区历史文化的了解程度较低；区域文化性格需要培育；东北地区各级政府的地方财政对文化建设的投入都需要加大；相应的文化基础设施建设和专职工作人员都与民众的需求有较大差距；区域联动和大东北的系统观念有待提升；与之相关的区域的系统优化性还没有形成；区域文化资源的开发和利用率较低；区域文化的讲述能力、传播和推介能力也都有待提升；区域文化

的普及程度较低；松辽地区关于文化建设的基础理论研究仍需加强；松辽地区文化产业的发展的核心竞争力还需挖掘；文化的可持续发展还需要在更大的视野和观照中定位自身。

调查显示：松辽民众对松辽地区历史文化资源的认知差异很大，总体来说，中老年人的认知度普遍高于年轻人，机关和事业单位工作人员的认知度又略高于企业员工和其他人群，城市居民的认知度也明显高于县乡村民众，大学生、中小学生、个体从业者等对松辽文化的认知度都很低；辽宁省的认知情况又略高于其他省份；对松辽地区遗址遗迹的了解程度又明显高于历史人物，对历史名人的了解又稍高于对非物质文化遗产的了解，而对某些历史人物和非物质文化遗产的了解程度却几乎为零；松辽地区丰厚的历史文化资源在人们的生活中还远远没有体现应有的生产力价值。我们还发现，所有的比较高的认知度都与具体文化载体的现存状况、民众与之接触频率的高低、各级政府对文化的传播力和宣传力、所处地理位置的优劣、遗址遗迹的完好程度等有关。因此，对松辽地区的历史文化的生产力价值进行发掘，培育民众的文化认知、文化认同、文化创造和文化自觉是研究者最大的任务。

整体而言，区域文化的讲述能力和宣传推介都略显单薄。调查显示，只有36%的人看过多媒体专题片《大美龙江》《大美吉林》和《大美辽宁》；只有12%的人看过《发现东北》和《振兴东北》；只有5.33%的人看过，26.67%的人听说过《情系辽河》，而对诠释"松辽区域文化"文化品格和历史长卷的《龙之江》，看过的人只有4.53%。对长白山木屋村落这个被中央电视台隆重推介过的东北非物质文化遗产，非常了解的人也只有3.67%，完全不了解甚至没听说的占44%。对"松辽区域文化"的宣传力度是否满意的调查显示，只有13%的人表示非常满意，54%的人表示比较满意，25%的人认为一般，8%的被调查者表示不满意；90.03%的人认为应该在国内外更广泛传播"松辽区域文化"的内容；92.21%的人认为应该首先在松辽地区积极开展

"松辽区域文化"的宣传和教育。

在如何保护、传承松辽传统文化这个问题上，90％的人认为近年来东北地区各级政府和群众都做了非常多的努力；85.37％的人认为应该成立相关机构和组织，专门开展文化挖掘、整理、推广、宣教的工作；76.18％的受访者认为必须在保护中利用非物质文化遗产。58.23％的人认为首先应提炼松辽区域文化对中华文明的贡献，在全球化中勾画松辽区域文化的个性价值。

调查结果还显示，69.33％的人愿意亲自参与到区域文化建设中来，贡献智慧和力量；18.67％的人持支持态度但不想亲身参与；另外，还有12％的人持无所谓的态度。

供给侧结构性改革上也需要大大发力。在区域竞争中，文化软实力日益成为区域稳定和可持续发展的不竭动力，也越来越成为区域综合实力、区域竞争力的根本指标。当前，我国文化软实力状况呈现区域发展不平衡、整体实力也较弱的情况。松辽地区在全国的区域文化软实力比较中，更需要在文化生产力、文化影响力、在文化传播、文化创新、文化保障等方面进行加强。

当前，我国公共文化服务体系建设虽然有很大提高，但与我们庞大的人口基数相比，与人民群众日益增长的文化需要相比，还明显存在与国家发展水平、与小康社会建设目标、与民众的期待等众多不相适应的地方。松辽地区的公共文化服务折射出的全国性的共性问题包括：松辽地区还有一些贫困地区、边疆地区、少数民族地区没有实现文化基础设施全覆盖，公共图书馆、文化馆、乡镇综合文化站等未能全面达到标准；人均文化建设的投入不足，在财政支出的比重长期偏低；基层公共文化服务机构更是存在队伍不稳定、人员不足、服务水平不高的问题；公共文化产品种类少、数量少，质量也有待提升，公共文化设施不能物尽其用，公共资源均等化和效益优化都是短板。推进现代公共文化服务体系建设，改善文化民生仍需加强。

尽管一些博物馆已向社会免费开放，但实际参观和接受博物馆教育的人却明显不足,在对博物馆和纪念馆参观情况的回应中,经常参观的只占5.8%,还多分布在城市;很少参观的占19.7%;从未去过的占68.2%;听都没听说过的还有6.3%。而博物馆的理念本应是用最好的服务吸引最多的人来参观和学习,让人类文化遗产最大限度地释放光芒和价值。包括松辽地区博物馆在内的我国所有博物馆都应该与周围环境进行不间断的交流,转变运营理念和方式,提高服务效率,建立与参观者和外部世界的信息交流和反馈机制,用所保管的社会文化财富为人的全面发展和社会发展服务,在服务中获得和确证自身的存在意义、存在价值和生存发展空间。

就乡镇文化站建设和服务情况看,有些乡镇负责人更优先考量的是抓经济,文化建设是附加任务;有些乡镇文化站"虽有编制,人却不在岗位上",以文化站编制入职的人员却被抽调到其他岗位"帮忙";有些乡镇挤占和挪用文化建设经费;大多数乡镇文化专业人才都比较缺乏,单凭几个人真是难以完成方方面面的琐碎工作。时代发展到今天,民生有哪些新的诉求,有哪些新的提升和改变,有哪些文化帮扶形式已经完成了它的阶段性存在的使命,又有哪些新的教育和文化普及的形式是我们可以利用和创新的,这理应是文化站功能的起点。但上述种种表现,都反映了今天的基层文化站缺乏工作能力,缺乏活力和影响力,缺乏思考和总结的能力,缺乏问题意识,更遑论文化普及和创新了。2016年10月,国家文化部抽查工作组依据随机抽签结果,对黑龙江省东宁市乡镇综合文化站、辽宁省新民市姚堡乡和红旗乡综合文化站服务效能情况进行了实地检查。结果显示,有些乡镇文化站把群众文化做得风生水起,但也有一部分文化站整日无所事事。归纳起来,在文化供给和服务中普遍存在的突出问题:一是设施利用率低,文化站功能发挥不充分,完全成了摆设,老百姓把它们命名为"空壳站",浪费了土地、空间、人力甚至是民众信任的资源,群众满意度很低;二是服务时间不足,没有实行错时开放;三是文化站管理不规范;四是群众对文化站及所开展的服务知晓率较低,仅为21.5%,群众文化活动形式较为单一；五是公共文化服务资源比较匮乏，发挥作用的能力不足；六是基层文化队伍建设水平需要提高，"不专职、不专心"的问题非常突出；七是基层文化资源统筹力度不够，民众的需求反馈机制亟须建立。

二、对"松辽区域文化"可持续发展建议的梳理

以下是关于松辽区域文化可持续发展的看法和建议的部分展示：

（1）松辽文化包含汉满农耕文化区、蒙古草原游牧文化区、北方渔猎文化带、朝鲜族丘陵稻作文化区。有吉林木屋、北方少数民族鲜明印记等如此丰富自然资源和丰厚文化底蕴的东北地区，这么多年来文化发展相对比较滞后，原因之一是松辽地区文化生产力没有被重视，也没有发挥应有的作用。

（2）对铁人王进喜、林业英雄马永顺等所代表的铁人精神、林业精神等进行新时代背景下的挖掘、宣传和再教育，把这些精神变成振兴东北的巨大动力。

（3）积极保护东北地区传统的民间文化艺术，将传统的东北二人转、东北大鼓等表演艺术形式进行积极传播，抓住群众的精神文化需要，实现民众的文化认同。

（4）把抗日故事、抗日古迹充分利用起来，作为激发一代又一代东北人爱国情怀的依托。

（5）实现文化的繁荣发展，需要有深入人心的文化宣传活动和传承者，要加大文化保护的资金和人才投入，打造独具特色的文化品牌。

（6）要时刻注重文化的基层建设，充分发挥政府、学校、企业等基层文化群体的宣传作用，在全社会营造保护文化的大众意识，提高文化活动的扶持力度。

（7）振兴东北老工业基地，需要积极创新，实现企业的转型升级，加大各方面的投资力度，以经济为基础，恢复和发展东北地区的文化。

（8）调整产业结构，抓好就业和再就业工作，提高人民生活水平，

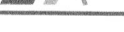

加强环境整治，改善城市经济发展和人民群众生活环境。

（9）减少对资源的依赖，调整产业结构，资源优化配置，加大资源勘查力度，加强资源开采宏观调控。

（10）大力发展旅游业，带动相关产业发展，挖掘松辽文化特色，坚持特色。

（11）转变政府职能，改革文化体制，为区域文化发展提供政策保障。

对受访者的建议进行梳理，既看到了民众对家乡文化的认同，也看到了松辽地区文化资源同时作为生产力的实体性要素和渗透性要素的双重属性，看到了人们对自然存在的松辽地区自然资源的感性认识，也看到了被松辽人民的实践活动确证的、既有"感性的直观"也有"感性的活动"的松辽文化。

三、影响区域文化可持续发展的文化因子

在一系列开放性问题的回答中，受访者普遍对区域文化的内涵和外延、对所在区域文化的分析文艺创作能力、区域提供文化服务的能力、区域文化对民众的教育情况、区域文化的科研现状、区域文化的文化产品的竞争力、区域文化的特征和现代价值、区域文化可持续发展张力和途径进行了关注和描述（见表4—1至4—16）。

表4—1　对燕赵文化可持续发展的建议

（一）燕赵文化		
1.以发展的眼光将区域文化与国家整体发展背景相照应，并不断实现文化的创新与升华，以适应时代的发展趋势。	2.同国家发展紧密联系，抓住机遇，大力推进京津冀一体化协同战略，实现三地的对标和对接，实现文化产业环境及规模的优化与整合，并不断探寻文化产业的融资路径。	3.经济发展作为文化传承的重要基石，两者存在着相辅相成的关系，文化的长续发展需要其自身有所建树，不断加强文化设施的建设，为群众性文化活动创设阵地。

续表

4. 要有大文化格局的文化心态，丰富文化传播渠道，更加注重对新生代群体的文化教育。	5. 抓住冬奥会机遇和京津冀一体化的契机，弘扬、提升和创新燕赵文化的文化软实力。	6. 打造地域历史文化遗产品牌，重视对燕赵地区文物的保护，培育文化匠人。
7. 以科学技术为支撑，不断寻求与其他文化的交流与融合。	8. 重塑燕赵文化的现代胸襟，在文化观念上引领现代转变的精神气势。	9. "走出去"的同时也做好"引进来"的准备，保持文化的特殊性，打造适合自身也能代表自身的文化品牌。
10. 将区域文化作为创意产业发展战略，深入研究文化传播规律，构建和优化燕赵特色文化的传播体系。	11. 重视对基层文化的建设，大力宣传燕赵民间技艺。	12. 利用新媒体的力量，借助新型传播途径大力宣传弘扬燕赵文化。

表4－2　对三晋文化可持续发展的建议

(二) 三晋文化		
1. 提升三晋文化的吸引力和号召力，提升对文化的保护，通过保护文化名胜古迹和文化名人，充分利用地区文化历史资源和名人效应，大力发展红色旅游资源，以更好地实现区域文化的传播。	2. 诚信作为晋商文化的精神支柱，在现代企业的发展过程中应取得大力继承和发扬。	3. 把传统文化带入日常教育中，与时俱进。

续表

4. 文化没有界限，三晋文化绝不能闭门造车，要加强合作与交流。	5. 坚持文化自信心，在发展中保持自身特色。	6. 坚持以人为本的文化发展理念，重视人才的培养，使其成为文化发展的原始动力和文化创新的知识源泉。
7. 将三晋文化作为山西省五位一体布局中的重要部分。	8. 保有文化持续发展的必要张力，保护区域文化的民族性与时代属性，在此基础上有选择地进行整合及优化。	9. 调整区域产业结构，增加居民可支配收入，提高居民消费水平，居民可以更多地投入在文化产业。
10. 发展经济与科学技术原则、取长补短与互补性原则、协调统一原则。			

表4－3 对湖湘文化可持续发展的建议

（三）湖湘文化	
1. 继承湖湘文化的躬行实践、开拓创新、注重实干等精神特质，勇于探索。	2. 实现湖湘文化的现代化，当务之急是要始终坚持遵循社会主义先进文化的发展方向，坚持"引进来"与"走出去"相结合战略。以包容的心态实现文化的与时俱进。
3. 面对全球化的冲击，在保持区域文化特性的基础上，不断丰富和发展。	4. 通过商业途径来改变文化消费偏好，传递和扩散湖湘文化。
5. 用产业化机制拓宽湖湘文化的价值转变渠道，引入战略投资。	6. 鼓励以湖湘文化为中心的文化精品生产经营活动，加大对湖湘文化再创造的知识产权的保护和鼓励，促进湖湘文化产品创新的积极性。

第四章 松辽区域文化可持续发展的张力

表4－4 对荆楚文化可持续发展的建议

(四) 荆楚文化	
1. 继承"抚夷属夏"的包容精神 弘扬"深固难徙"的爱国精神 发扬"和谐万邦"的和合精神	2. 着重将区域文化与当地旅游资源相融合，多举办特色地域文化活动，以区域文化为支撑，带动地区旅游业发展。
3. 积极引导地区之间的文化合作，以文化交流为基础，促进地区间经济合作的快速发展。	4. 在教育中融入区域文化，实现文化的有效传承。
5. 大力发展旅游业，加大力度宣传。	6. 文化的传承需要注重群众的多样化需求，大力丰富民众精神文化活动，积极开拓新型文化产品，提高群众文化活动参与度，实现综合竞争力。
7. 实施产业融合战略，打造区域文化产业链，开发区域文化资本，提升文化凝聚力，培育优势文化产业，提升区域文化的内涵与价值。	

表4－5 对三秦文化可持续发展的建议

(五) 三秦文化
1. 大力进行文化宣讲。
2. 在一些乡土文化活动中融入区域文化宣传与普及。
3. 将个性符号如秦腔等进行突出宣传和弘扬。

表4－6 对中原文化可持续发展的建议

(六) 中原文化		
1. 整合资源，加强宣传教育。	2. 构建历史文化遗产的可持续发展的保护机制，提高文化遗产保护投资力度，开发文化旅游资源，并对每项文化资源开发项目进行严格审查，在不破坏原有文化体系的继承上，实现文化的传承保护。	3. 明确政府及相关部门的责任，加强地方政府和助管文化遗产单位的通力合作，责任到人，工作到位，有计划、有秩序地实现文化遗产的保护。

续表

4. 大力开发创新型发展模式，重视文化保护地区的生态环境建设，优化和提升文化资源环境区的生态质量。	5. 重视文化的延续，加强对青少年群体的文化传承教育，保护民间传统技艺的手工艺者，大力发展非遗人才的培养工作，重视人才队伍建设。	6. 将文化资源衍生为地区的经济发展优势。
7. 发挥文化资源优势，打响区域文化品牌，加大文化创意力度。	8. 明确文化产业化的基本思路，将民俗文化与产品开发相结合，将文化传承与地区旅游相匹配，使民族文化静态产品与动态产品相融合。	9. 提高民众的"文化自觉"意识，树立对本地区文化的文化自信。
10. 积极引进文化资本和战略投资者，提高文化产品的科技含量，提升文化服务意识，以创新为发展的第一要务。		

表4－7　对内蒙古文化可持续发展的建议

(七) 内蒙古文化	
1. 积极创建和完善"中蒙俄经济走廊"发展模式，在内蒙古地区的"一带一路"倡议发展进程中，肩负起更多的文化传播使命，使内蒙古地区成为我国北方向外衍生的重要桥梁和窗口。	2. 发挥传统文化优势，古丝路、古茶路、古盐路，加强地区合作，优势互补，加强文化交流，保持保护自身区域文化，保持可持续发展。
3. 挖掘游牧文化精髓，使游牧文化资源遗产转化成大众所熟悉的文化产品，并不断地将其完善、创新，加大文化教育的投资力度，构建民族文化品牌。	4. 在文化传承进程中，要注重人的全面发展，不断提高政府的人文关怀，将文化与牧区的政治、经济、生态建设相结合，从整体统一的思想出发，实现各方面的同步发展。

第四章　松辽区域文化可持续发展的张力

续表

5. 政府要加大文化体系管理，转变文化管理的职能，不断优化文化基础设施的建设，深化体制机制的改革，多方面、多角度地拓展文化融资渠道。	6. 使牧区文化产业的发展与自然生态资源保护相结合，以社会效应优先为主题，实现文化资源产业化的品牌规划。
7. 充分利用草原地区得天独厚的自然资源和人文情怀，加大对那达慕等民族节日的宣传，并以此为契机，创办民族文化品牌，加大文化旅游业的投入和专业人才的培养，多途径地传播游牧文化。	

表4－8　对齐鲁文化可持续发展的建议

(八) 齐鲁文化		
1. 在文化交流与碰撞中发扬光大，实现可持续发展，齐鲁文化尤其是孔子文化的发展一直伴随着多元文化的交流与融合，去其糟粕，取其精华。	2. 批判继承，古为今用，加强国际交流，优化办学质量。	3. 发展旅游业，加强文化熏陶，举办孔子文化艺术节。
4. 培养文化人才，继承中也要出新。	5. 对本土的文化资源进行大规模普查，制定详细整体的发展规划，并对重点项目实施切实可行的研究论证。	6. 大力推动经济与文化的协同发展，不断完善地区文化的公共服务体系，以服务群众为主线，积极办好各项"文化惠民"活动。

71

续表

7. 推动儒家文化融入"一带一路"建设，积极进行文化传承发展示范区建设。	8. 根据文化发展的实际需求，不断调整文化产业结构和规模，大力创新发展模式是传播齐鲁文化产业的重要举措之一。	9. 积极地弘扬传统儒家文化，宣传和培育儒家的优秀思想，使传统与现代相得益彰，创建以孔子为代表的民族文化影响力，使儒家千百年来的文化积淀在更大的范围中传播。
10. 在"百花齐放，百家争鸣""批判继承，综合创新"中积极地丰富发展齐鲁文化的优秀思想，在不断变革的现代进程中实现新的发展路径。			

表4－9　对青藏文化可持续发展的建议

(九) 青藏文化	
1. 对于青藏文化要充分尊重少数民族的文化习俗和宗教信仰。	2. 不要一味认为少数民族地区就是落后的代名词，要做的是引领和拓展少数民族群众的视野，只有认识观念的改变才是长久的。
3. 要精准扶贫，与其扶贫不如改变群众的观念和认识，重视少数民族教育，教育是途径。	4. 继承现有的民族风俗，规范个人行为，热爱家乡，回报家乡。

表4－10　对江西文化可持续发展的建议

(十) 江西文化
1. 利用"互联网+"的科技优势，不断探索文化传承发展举措，拓宽投资融通渠道，构建文化产业链，并不断优化产业投资结构，促进文化产业的可持续发展。
2. 充分利用地区丰厚的历史文化，尊重历史，积极致力于"红色文化"的传播，开拓"红色"旅游资源，构建"红色文化"宣传的示范基地。

表 4—11　对巴蜀文化可持续发展的建议

(十一) 巴蜀文化	
1. 树立包容开放的文化交流思想，在积极传承和改善本民族文化环境的同时，也要积极参与外来文化的交流碰撞。	2. 加强文化的传承，传统工艺，如变脸的传承，培养更多青少年对传统文化的重视。
3. 加强宣传力度，政府真正重视，走适合巴蜀文化发展的特色道路，将巴蜀文化推向世界，让更多人了解巴蜀文化，注重文化圣地及文物的保护。	4. 通过机制体制的大力改革，提升文化软实力中量和质的指标，使文化软实力的快速发展符合转变经济方式的要求。

表 4—12　对河洛文化可持续发展的建议

(十二) 河洛文化
1. 实施"一带一路"倡议，为如今的洛阳带来了机遇，深入发掘特色文化，充分发挥洛阳在地理位置、文化产业、旅游产业等方面的独特优势。
2. 合理进行对历史遗址的开发，必须经过专业的评估和规划，严格审核。
3. 不仅需要国家战略发展格局的关怀，也需要华夏儿女的自觉维护。

表 4—13　对甘肃文化可持续发展的建议

(十三) 甘肃文化
1. 继续坚持批判传承的思想，取其精华，弃其糟粕，以包容的态度对待文化的发展，在继承中不断创新，使文化实现世代延续。
2. 深入挖掘地区的悠久文化历史和人文特性，开展特色乡村文化旅游，不断满足大众的精神文化需求，提高情感体验。
3. 以"一带一路"倡议为契机，加大区域文化和不同文化间的交流融合，在交流中实现自我完善和自身的长续发展。

表4－14　对徽州文化可持续发展的建议

(十四) 徽州文化	
1. 对物质文化遗产保护要贯彻"保护为主、抢救第一、合理利用、加强管理"的方针。对非物质文化遗产保护要贯彻"保护为主、抢救第一、合理利用、传承发展"的方针。	2. 树立科学发展的理念，坚守传统文化精髓，实现传统文化的传承延续。
3. 与时俱进，不断创新。	4. 时刻保持文化张力，在文化的相对主义与文化中心主义之间，兼有文化的民族性和时代性，注重文化的变迁与整合。
5. 更加重视徽州文化的发展，包含内容很广泛，如徽商、徽建筑等。	

表4－15　对北京文化可持续发展的建议

(十五) 北京文化	
1. 要发展必须要保护，高速城镇化的发展使北京的特色建筑越来越少，北京老胡同、京剧等北京传统文化的流失，让我们必须出台政策保护传统，保护北京文化。	2. 保护文化的方式要合理得当并确保行之有效。
3. 保护北京文化可持续发展，需要每一位中国人的共同努力，京津冀一体化战略有利于减少北京压力，与津冀协同发展，促进文化交流。	4. 政府出资保护传统工匠，在保护的基础上传承传统工艺。

表4－16　对江淮文化可持续发展的建议

(十六) 江淮文化
1. 提高人们的关注度，提高保护文化意识。
2. 提高文化创新的思想，与时俱进。
3. 大力发展区域经济，以人为本，强调政治、经济和生态的全面协调发展。

在对问卷和访谈进行分析提炼后，课题组将影响区域文化可持续发展的因素归纳为以下几个方面：文化的基础理论研究状况、保障可持续发展的体制机制、文化供给侧结构性改革的解读情况、文化认知与认同情况、区域文化性格培育、文化普及与文化创新并重、文化认同与文化自信互构共生、文化产业化的格局。

课题对松辽区域文化的可持续发展的实践路径将据此召开。

本研究借鉴和采用了哲学、文化史学、文化地理学、社会学、心理学、教育学、经济学、统计学等方法，并在几年中持续在松辽地区和其他地区，利用校内外一切可以考察和社会实践的机会，在众多省市、地区、村镇，甚至在课程教学实践中，开展区域文化各方面的调研，特别是就"区域文化如何实现可持续发展"这一开放性问题，进行了大范围的访谈。可以说，所有历经之地、所有被访谈的对象、所有的问卷参与者、所有被我们咨询的学者和机构，也都是区域文化可持续发展的亲历者和建设者，更是被我们文化普及和文化唤醒的对象；区域文化的调研本身，也是课题组本身、是所有被调查者共同经历松辽文化的梳理和再现的过程，是"松辽区域文化"被演绎的过程，亦是所有其他区域文化被重新关注、被多人倾慕的过程，更是"松辽区域文化"被讲述、被传播、被推介的过程，是我们每个研究涉及的对象的又一次爱家爱国的表达。中国表达有很多种方式，我们希望，对"松辽区域文化"可持续发展的课题的研究也成为有意义的表达。

第五章

加强松辽区域文化的理论研究

第五章　加强松辽区域文化的理论研究

对区域文化的文明碎片进行整理，加强基础理论研究是所有文化都要有的永恒的"修身"状态，而文化哲学研究的意义与魅力也在于描述人们所生活的地理环境与他们所创造的文化世界的辩证关系，进而用人的类主体的永恒超越的本性去发现和创建更好的生活世界。可以说，文化研究是对礼俗社会人们日常生活的不断审视和不断批判的过程。通过对区域文化的个案研究提升出能指导更多更大范围的区域文化可持续发展的结论，才可能"达则兼济天下"。东北地区不仅有二人转，更有理论情态和深沉的家国情怀。"松辽区域文化"的馥郁和浓浓的文化况味一直以来都似被忽视或深锁，它需要给外部世界一扇了解其内蕴的窗口。

一、松辽文化理论研究的区位维度

无论是从东北老工业基地自身崛起的需要还是国家振兴东北的战略考虑，对东北地域文化本身和东北地域文化研究成果进行分类、整理、提炼和呈现都非常迫切。东北地区融入国家"一带一路"倡议，需要把松辽地区的地理优势、历史优势、民族优势、资源历史、文化优势、区域优势等进行系统观照，找准松辽大区域作为一个整体的发展方面的定位、产业优化方面的定位、内驱动力方面的定位，这样才能更好地加入"一带一路"沿线区域内的产业分工协作体中，参与某些路段的角逐，发挥出最大的分工、协作和共赢的价值。发挥大连、哈尔滨等国际化大都市经济辐射作用，促进周边产业结构升级；通过东北地区历史文化的世界影响力，发挥支撑服务功能；依托白山黑水的文化优势，促进东北亚乃至世界范围内的文化交流。要积极探索"向世界讲好东北故事，讲好中国故事"的形式和手段、方式和方法；东北各省都要强化振兴的主体责任，转变观念、振奋精神、扎实苦干，创造性地开展工作，找准方向和发力点，共同努力，打赢东北振兴攻坚战，开创东北地区经济社会发展的新局面。

令人倍感欣慰的是，近年来，理论界对我国区域文化个案研究不断丰富，越来越多的研究成果不仅丰富了区域文化间的交流，延展了中国文化的内涵，而且，研究的个案也作为个性对中国文化的共性进行演绎和挥洒，使得文化群体主体和文化个体主体不断被确证了主体地位的同时，也使更多的人群和民众被普及和被启蒙，区域文化研究与实践深入人心，越来越多的普通群众加入文化觉醒和反思的实践中来，这种不断增强的主动性和主体性又对区域文化的传承发展、对整个中华优秀传统文化的弘扬，起到了推波助澜的作用，而这种弘扬又日益汇聚成人们共同的文化自觉与文化自信。

实现"松辽区域文化"的可持续发展，特别需要创制和传播承载着东北地区人民美好生活向往和价值共识的文化符号，需要审视和判断文化民生状况，培育和提升民众的理论文化自觉。每一个时代都有这个时代独有的判断标准。好的、负责任的理论研究，需要研究者本身胸中有沟壑，需要有处变不惊、化繁为简的致思理路，需要有坚韧的心智、勇气和毅力，更需要有大量阅读、理解、同情和审美作为描述的底蕴，也更需要有让区域文化以及所有区域中的个体的历史生活与时代场景都鲜活如初的表达方式。这种表达方式不仅要表现区域的生活境况、生存境遇、精神面貌、审美偏好、社会风尚、价值观念的变化，也不仅要描述区域文化的宏大广阔，更要用细致如针如丝的笔触，去触动人心，让更多的人被激起历史和文化情怀。整合当前所有东北地域文化的研究力量和研究成果，我们发现其实已经建构起了一个"东北学"或者也可称为"松辽学"。因为，对于任何一门学科而言，其成立的第一个要件就是对学科相关、相近的各类文献材料进行的搜集、整理和辨析，我们不能说当前已完成了这项工作，因为文化作为人的创造和超越本性的类主体的存在方式和确证，它本身就是不断发展的，而不断发展的人与自然、人与历史等多重关系也为文化发展提供着新课题，所以，对区域文化研究的基础性材料的发掘整理是永远要保持的研究状态，我们认为，相对来说，当前已掌握和利用了相对丰富的松辽地区古籍资料；已有众多专家学者深入挖掘了东北地区文化名人名家的作品和著述；也有一大批关于东北地区文化通史、学科专门史方面的著作和研究成果；关于东北地区历史形成的民族特征，各研究机构也已编纂和修订了研究需用的东北民族语言工具书；这些研究成果的价值还在于，它们同时对宏观层面如世界文明背景、中观层面如中国文化产业带状发展新趋势、微观层面如东北地区区位的特殊性、东北三省和内蒙古东部各自的省域特殊性、东北地区各民族文化区等，进行了综合观照。

在新世纪新起点上，中国特色社会主义建设的不断成功，带来了更多人的福祉，带来了更多民生的改善，带来了更多的幸福、自由和解放，文化民生大幅度提升。就文化的理论研究来说，有越来越多的理论工作者、哲学社会科学工作者从史学角度、地理学角度、文学角度、考古学角度等视角，对各自所属文化区域的文化传统、文化现状、文化走势等进行着探讨和追问，而且，区域文化的研究方法也在日趋逻辑缜密，研究态度也日益端正和谨严，研究思维也日渐睿智和理性。这些中国区域文化的个案研究，也许会在研究的具体对象、研究的地理和历史界限、研究的着眼点和角度上有些差别，但既然是一种端正的文化研究，就必须也一定都会做到：进行文献整理、甄别具体资料、亲身参与观察、进行民俗查考、考证区域方言和民族语言等，然后梳理和挖掘各自区域文化在整个中华文明中的作用和贡献，进而，在对中华文明的分区考察中归纳区域文化发展折射出的整个中国文化的发展轨迹和发展规律。可以说，所有区域文化的个案研究，对我们在更细密、更细致的切片中观察和发现中国文化的发展样貌具有重要意义。

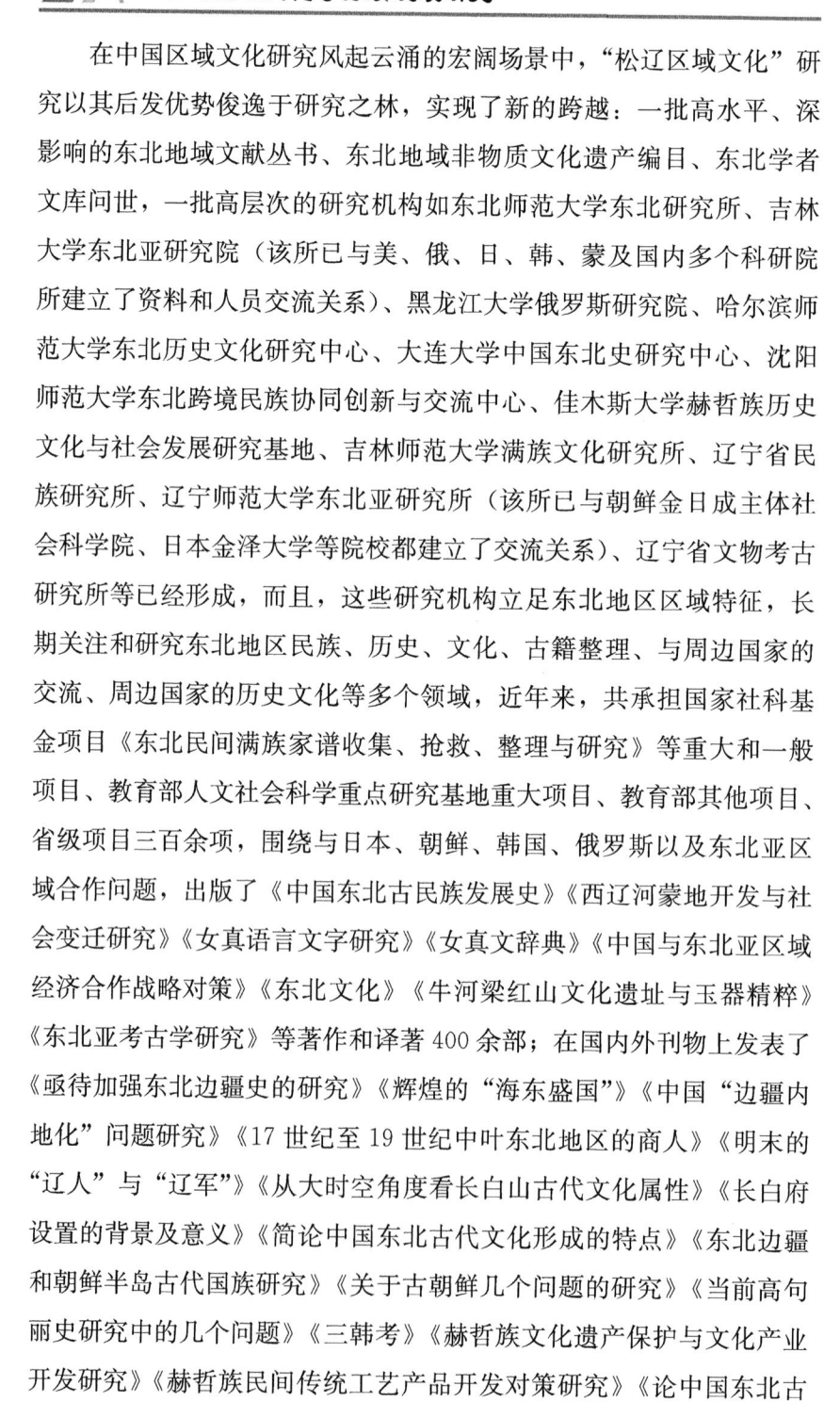

在中国区域文化研究风起云涌的宏阔场景中,"松辽区域文化"研究以其后发优势俊逸于研究之林,实现了新的跨越:一批高水平、深影响的东北地域文献丛书、东北地域非物质文化遗产编目、东北学者文库问世,一批高层次的研究机构如东北师范大学东北研究所、吉林大学东北亚研究院(该所已与美、俄、日、韩、蒙及国内多个科研院所建立了资料和人员交流关系)、黑龙江大学俄罗斯研究院、哈尔滨师范大学东北历史文化研究中心、大连大学中国东北史研究中心、沈阳师范大学东北跨境民族协同创新与交流中心、佳木斯大学赫哲族历史文化与社会发展研究基地、吉林师范大学满族文化研究所、辽宁省民族研究所、辽宁师范大学东北亚研究所(该所已与朝鲜金日成主体社会科学院、日本金泽大学等院校都建立了交流关系)、辽宁省文物考古研究所等已经形成,而且,这些研究机构立足东北地区区域特征,长期关注和研究东北地区民族、历史、文化、古籍整理、与周边国家的交流、周边国家的历史文化等多个领域,近年来,共承担国家社科基金项目《东北民间满族家谱收集、抢救、整理与研究》等重大和一般项目、教育部人文社会科学重点研究基地重大项目、教育部其他项目、省级项目三百余项,围绕与日本、朝鲜、韩国、俄罗斯以及东北亚区域合作问题,出版了《中国东北古民族发展史》《西辽河蒙地开发与社会变迁研究》《女真语言文字研究》《女真文辞典》《中国与东北亚区域经济合作战略对策》《东北文化》《牛河梁红山文化遗址与玉器精粹》《东北亚考古学研究》等著作和译著400余部;在国内外刊物上发表了《亟待加强东北边疆史的研究》《辉煌的"海东盛国"》《中国"边疆内地化"问题研究》《17世纪至19世纪中叶东北地区的商人》《明末的"辽人"与"辽军"》《从大时空角度看长白山古代文化属性》《长白府设置的背景及意义》《简论中国东北古代文化形成的特点》《东北边疆和朝鲜半岛古代国族研究》《关于古朝鲜几个问题的研究》《当前高句丽史研究中的几个问题》《三韩考》《赫哲族文化遗产保护与文化产业开发研究》《赫哲族民间传统工艺产品开发对策研究》《论中国东北古

文献学学科建设》《"一带一路"背景下中俄赫哲族—那乃族旅游走廊构建研究》《中国东北古文献学论略》等数千篇论文；各类专著和论文获得教育部级、省级奖百余项；多篇研究报告被国家有关部门所采纳，如：《东北疆域沿革史研究》《长白山地区历史与文化及其归属问题研究》《中国东北边疆史》《朝鲜半岛民族》《国家的起源与发展》《中国古朝鲜族研究》等。这些研究成果充分发挥了为国家决策部门提供咨询意见、服务于地方经济建设的作用。

还创办了《东北亚论坛》《现代日本经济》《人口学刊》《满族研究》《远东经贸导报》《黑龙江社会科学》《俄罗斯问题研究》《黑龙江民族丛刊》《东北史地》等国内外公开发行的学术刊物，受到国际社会的广泛关注。因此，"东北学"或"松辽学"才能更规范、更能体现松辽区域文化研究的学科特性：以松辽地区的文化为主要对象，围绕着东北地域文化所展开的包括历史学、经济学、地理学、美学、哲学、法学、伦理学、文学、语言学、建筑学、传统及现代工艺等学科门类的基础性和综合性研究。这一学科的建立是以地域分区为基础，其核心是对松辽地区独特的文化的发现、发掘和对松辽地域独特性的认同。

对于东北地域文化的广泛而深入的研究使得"松辽学"的学科建设日渐成熟。多年的区域文化研究历史其实也正是多年的区域文化的普及和宣传的历史，广大民众作为文化主体的自我意识的不断觉醒，也意味着民众文化实践理性的复苏和复兴，这种从个体主体到群体主体的整体觉醒也内化为普罗大众的生产和生活方式，润物无声地改变着人们的文化民生。也恰恰是文化民生的改善为我们区域文化研究提供了更丰厚的装备、土壤、责任和信心。是文化的力量彰显和确证人的存在意义。所以，我们更有信心去定位"东北学"或"松辽学"（"松辽区域文化"研究）的研究边界。"松辽学"作为学科不必拘泥于地理界限的东北三省和内蒙古东部，而更应该着眼于中华文明发展和整个世界文明格局的态势。亦即，对"松辽区域文化"的研究，需要在多个层面多个维度着眼，比如松辽文化在历史不同时期的发展状况、在中国文化发展的关键节点上的作为和贡献、不同时期的民族构成、松辽民族文化对中国文化格局的影响、松辽文化作为中介促成中国文化与世界文化的交往状况、松辽文化中国气派和世界品格等,"松辽区域文化"研究不是"就区域论区域"的研究,其研究的视角和意义都是"研究之功外于研究""哲学之功外于哲学",它的目标直指:在"区位特征、中华文明的宏阔气象、全球化的强势冲击"相互作用的维度中,既总结松辽区域文化的历史经验,又批判性地认识当前发展态势,更对松辽地区经济社会的未来发展进行放眼前瞻。

作为文化创造的主体,人总是生存在一定的自然环境中,并在对生存环境的回应中,形成自然能接受的也符合自身的生产方式和生活方式,在为己的利益取向中,对自然注入程序和过程。"松辽区域文化"是在东北大地上形成和发展起来的,是东北地区先民和区域民众的创造精神和能力的不断外化,而松辽地区的自然地理特征作为松辽民众文化创造的对象和依托,在文化创造中不可避免地影响了松辽民众的心理特征。松辽文化虽然自晚清开始政治影响力锐减,但东北在整个国家战略格局中所具有的特殊的重要的文化辐射力和影响力却依然强势。几千年来,在应对东北地区特定的坚韧的自然条件中,东北人民向白山黑水注入了比自然环境更坚韧更坚强的活动和程序,创造出了具有鲜明北方地域特征的松辽文化。这些已有的文化,不仅成为松辽人民生存和发展的手段、方式和理念,有些文化还深深影响了中华文明的历史进程,并且成为国民性格和国家精神更持久地存在和发展着。但"松辽区域文化"的主体特征在东北地区的表现最有感染力和凝聚力,却是毋庸置疑的。它们通过东北地区独有的或富于特色的方言、礼俗、民风、饮食、工艺、艺术、建筑等丰富多彩的形式表现出来,体现为价值观念,提炼为学术和理论,流变为生产和生活,挥洒成松辽文化的魅力和魄力。

二、中华文明的宏阔气象是研究的底色和背景

制定和实施东北地区文化强省和发展战略，还需要把松辽区域文化的研究放在整个中华文明的发展进程中进行定位，要始终力戒把区域文化研究演变成无视中国传统文化的"文化虚无主义"或只看到、只关注区域自身的"文化沙文主义"，要使"松辽区域文化"在中华文明的历史长卷中的表现和映像成为其在历史上的再现和今天在更高发展阶段的重生；同时也要始终非常审慎地以区域所拥有的物质文化资源和非物质文化遗产为研究和发展的立足点，将"松辽区域文化"的经济价值、社会价值、教育价值、审美价值等进行科学评估和论证，并保护性和创造性地进行开发，为东北地区文化强省提供资源和要素依据；还必须要有比较研究的大视野，要对"松辽区域文化"与其他区域文化、其他民族文化的比较优势多做审视、梳理和提炼，进而把"松辽区域文化"底蕴深厚的优势、多民族共生发祥的优势、体现东北人气魄与精魂的民间文化优势、农耕文化与游牧文化结合的优势、少数民族的优势、非物质文化遗产丰厚的优势等，都创造性转化为区域经济社会发展的战略优势、时代优势、文化产业优势和经济优势。

自然环境和社会环境造就了多种民族和区域文化，区域文化在各自的发展过程中也充分演绎了它所属的地域色彩，这是文化历史和文化地理的相遇相知；与之相伴的是，任何一种区域文化又恰恰是中华民族文化传统中不可或缺的组成部分，是广袤中国大地上浸润着民族文化血脉的文化的个别。"松辽区域文化"体现和丰富了中国文化的内涵，它从产生之日起就不是一种独立封闭的文化形态，反而用其鲜明的地域和民族特性在中国文化传统中生生不息，并把自身的发展趋势和命运与整个中国文化的发展趋势和命运紧紧相连。我们只有把"松辽区域文化"丰富内涵的来源时刻放在区位本土、中国传统文化和世界文明发展进程的多方互相影响的复杂场域中，才能为它的文化创造力找到动力和源泉。除此之外，区域文化之间的影响和互动也是文

发展的动力，特别是几乎所有区域文化都受到过作为另一种区域文化存在的中原文化的影响；但要正视，文化的影响和交流一定是相互的，中原文化在东北地区固然有传播和影响，但作为历史上曾经有众多少数民族政权的东北地区，也曾深深影响中国文化和世界文化的进程。中华文明气象万千，其文化在时代性和区域性的交互作用下更是异彩纷呈。所以，研究"松辽区域文化"和其他区域文化的发展，都要在对各自具体的特定的区域文化基因重视的基础上，把作为其底色和底蕴的整体的中华民族文化传统进行观照。

一个国家民族的文化，不仅由不同区域的文化构成，还由不同层次的文化构成。从大的方面划分，又可以把文化分为意识形态层面的文化和社会心理层面的文化。生活心理层面的文化是相对来说比较习焉不察的文化形态，它是在社会生活中绝大多数的社会成员普遍认可的，也普遍具有的"集体无意识"，表现在区域文化中就是在一定区域中生活的民众的普遍心理、礼俗、习惯、观念等，相对来讲属于比较感性的认识和表现，它就弥漫在人们的衣食住行的日常生活中，是区域风土人情和历史风物在人们惯常的生活中的外化，这种传承比较不易察觉却惯性强烈，是不言自明、不需要强调就可以实现的文化传承，它历久弥新、经验常新、氤氲化生、自给自足，这种形态的区域文化因为它的传承方式的惯性，比较不容易快速发生改变。意识形态层面的文化形态相对来说要求更高，它需要"集体有意识"，也就是说需要有理论、有问题意识、有创新能力的精英群体对所处时代的社会问题进行警醒、发现、挖掘、整理、提炼、辨析、升华、回应和总结，并要形成理论化的形式，如形成著作、理论体系、原理、制度等上层建筑。它对社会成员的要求较高，有时或者说其中的某些部分还能获得当时政治权利的认可并以此对社会生活施加影响，这些被精英们有意识、学术地提炼成的理论性、抽象性、权威性和系统性的文化形式，还可能因为当时政府公权的行使而被上升为当时社会的主流价值和思想，其传承因为有了政治权利的介入而获得更多的空间、方法和形式。

而且，比较模糊的社会心理形式的文化与比较自觉的社会意识形态的文化是相辅相成、互为依托、相互渗透甚至相互转化的辩证关系，没有社会心理的集体无意识的文化形式，也不可能直接提炼出具有社会意识形态的文化，而社会心理的发展也必须要理性、要提升和超越，因为不竭创造和永恒超越就是人之为人的类主体的本性，而文化的原意也就是人因为实践从自然中凸显出来的过程，是在"为自然立法"过程中的人为的程序与为人的取向的统一。

所以，我们在对区域文化进行定位时必须要把区域民众文化创造的历史中所蕴含的整个中华文明的文化传统进行梳理和呈现。我们用归纳法把个别区域文化研究的成果提炼出来为其他区域文化的发展提供经验，我们也会用演绎的方法从整个中华文明的发展中对区域个案进行切片分析。比如，我们必须看到，"铁人精神"不能只属于松辽文化，它已远远超越了区域文化的范围，更是中国特色社会主义文化的一部分；比如，良渚文化的形成乃是受到了红山文化的影响；比如，红山文化和商文化也有多方面的渊源联系，等等。同样，谈到"松辽区域文化"中所体现的中华文明，也应该特别注意要从意识形态和社会心理层面进行分别和分层探究。我们以松辽地区的饮食文化为例，东北地区饮食文化虽属我国饮食文化版图的边疆，但作为边疆区域的松辽饮食文化却没有因为边界和阻隔而封闭，反而呈现了全方位开放的态势。早在原始社会，文化一经发轫便与中原文化往来频繁密切，受华北地区史前文化影响，先是有中原文化的"移入"，接着就是在异域生态中的改造和再生，到了清朝中叶，东北地区就已经是"内地十三省（之人）无省无之"[①]。二十世纪初，松辽地区又涌入了大批欧洲移民，形成了欧洲文化与松辽文化的一次历史性相遇和交流狂潮。其后直至二十世纪五十年代，山海关内许多省份一批又一批的移民来到东北，更丰富了松辽地区的文化。

---

① 西清：《黑龙江外纪》（渐西村舍本）卷八，第4页。

再如，位于东北亚中心地带的黑龙江省，因为孕育出"鲜卑文化""渤海文化""金源文化""萨满文化"而成为中华文明的重要源头之一。多民族的聚居融合共生碰撞出绚烂绮丽的满族、达斡尔族、蒙古族、柯尔克孜族、鄂伦春族、鄂温克族、赫哲族等少数民族风情，也创造出丰富多彩的非物质文化遗产。特别是抗日战争时期和解放战争时期，又凝练出抗联文化、东北解放区文化；在北大荒向北大仓转变的进程中，又涌现出了闯关东文化、垦荒文化、知青文化、冰雪文化，呈现出厚重、激情、丰富、包容、多元的文化特征。

而东北草原文化在经历了鲜卑人、契丹人、女真人、蒙古人、满洲人的政权更迭并营造的几个高峰的发展中，在与中原文化的长期对话和融合中，演变为以蒙古族文化为典型代表的历史悠久、特色鲜明、内涵丰富的文化体系并融入中华文化的大发展格局中。可以说，缔造过统一的黄河流域北魏政权的鲜卑族、建立过大金政权的女真族、建立过大辽政权的契丹人、建立了大清帝国的满族人，都是把松辽文化和中国文化向外传播的使者，他们塑造了把"松辽区域文化"乃至整个中国文化经东亚大陆向东北亚及北美传播的重要的文化带。

"松辽区域文化"不仅以其独特的地域特征丰富了中华民族文化传统的内涵；更超越了区域文化的范畴，映射整个中国文化的共性特征。

三、松辽区域文化在世界文明进程中的历史镜像

对于"松辽区域文化"有所思考的人，定会心生感慨：东北地区长期处于落后的状态。但不知何时，它以空前的速度融入了整个世界历史发展的进程中。因此，研究东北地区历史文化的发展演变，除了地域维度、民族维度之外，世界维度同样是极为重要、不可或缺的。以时代性演进为主轴，地域、民族、世界维度次第展开，才能还原松辽文化形成发展的历史样貌。

我们以辽宁省朝阳市的个案进行松辽文化研究的管窥蠡测：朝阳市曾是中国东北边疆文化交流史上执牛耳者；产自辽宁省的岫岩的玉

石，在牛河梁文化中化身为高度抽象的精美绝伦的玉文化标识，通过我们无从推测的匪夷所思的方式传播遍布到中外更广阔区域。朝阳市，也是中原文化、东北亚文化、草原丝绸之路的交会之地。中原文化正是通过这里向朝鲜半岛、日本列岛进行了传播。十六国时期整个中国北半部都在鲜卑人统治之下，各民族大融合的趋势在唐代达至高峰。从公元三世纪到八世纪，中原王朝对东北地区特别是东北少数民族的管辖、联系和安抚都是以朝阳地区为重心和中介的。

宋代以来，特别是辽、元、明、清时代，东北地区拥有的辽阔边疆和众多民族的地域优势得以充分发挥，在很大程度上起到了引领中国走向世界的作用。这是"松辽区域文化"内涵最丰富、影响最深远的时期。而在近现代，我国许多标志性的重大历史事变也都与东北有着密切关联。特别应该指出的是，近代东北地区是日俄利益争夺之地，随之而来的是西方资本主义文化对松辽文化的冲击和挑战，随后是市民文化的兴起。随着中东铁路的修建，在东北亚各国各民族方方面面的交流交融中，松辽地区的本土文化也与外来文化相遇和冲击，并发展出了俄侨文化、犹太文化和朝日文化等。在近现代长达一个半世纪的历史中，东北地区不仅在经济发展方面发挥了重要的辐射作用，而且在社会政治方面和思想文化方面，发挥了更为重要的引领作用。虽然曾经长期制约着东北地区经济社会的发展的气候条件未发生什么根本性的变化，但东北地区的历史变迁却影响着中国历史的大发展格局。特定的东北地缘地理区域条件又与变幻的时代背景交汇，在东北地区上演了相得益彰的地利天时，并与世界历史的发展趋势和走向联系起来。所有这些，都是源远流长的"松辽区域文化"在近现代历史条件下呈现出来的气象和风貌，只有把松辽区域文化置于纵横交错的历史时空中，才能更清晰、更客观、全面地总结它的发展经验，以推进"松辽区域文化"和中国文化的更好发展。

世界各国各民族文化之间的经济领域的交流其实都需要相近的文化传承、能够以互信和认同的区域文化作为支撑。历史上形成的诸如信仰差异、体制差异、战争纠葛、互信缺失等因素，是影响国家之间或区域之间深入合作的不利因素。但东北亚地区能够进行交流的优势却也恰恰在于：它们地缘相近，文脉也相通，拥有较多的共同的美好的历史记忆，特别是历史上的中日韩有着极为相似的文化渊源，文化节日也有颇多相同或相似之处；而东北地区和俄罗斯远东地区之间的文化的交融性也在历久弥新。这种多国间的文化相似性和包容性，为加强东北亚文化交流提供了必要性和可操作性，这种文化交流也必会在突出各国各地区文化个性的同时，扩展和丰富各自区域文化的内涵和外延，并给东北亚区域其他领域的合作带来更多、更大、更好的发展空间。因此，"松辽区域文化"研究也将为建立东北亚多元化文化发展战略，推动东北亚各国共同努力打造区域合作的文化基础做出更大贡献。

在东北地区普遍启动文化强省之际，对松辽区域文化进行推介式研究有重要意义。借助"松辽学"的提出和学科创建，不仅可以重新发掘东北地区的文化精粹，再次梳理和复苏松辽传统文化的现代价值，推动"松辽区域文化"实践的进一步发展，而且建构、培育和加强一个独特的新兴学科建设，本身就是一种收获和价值。当前，有关全球通史、分门别类的中国史、其他国家历史、全球文明史、殊方异域文化通史、民族文化专史、区域文化地理学等著作的不断推陈出新，为全球文化研究者提供了充分的参照和参考；文化史学、民族文化学、民族地理学、文化地理学等学科建设的思路与方法也为"松辽学"的学科构建提供了启示和借鉴。"松辽学"的实践历程和研究历程可以说是既古老又常新。因为，东北文化和东北学术虽然源远流长，有几千年的创造和发展历程，但作为学科的"松辽学"毕竟还只是起步阶段，"松辽区域文化"在学术学理层面还有太多值得我们去发掘、研究的精华，需要我们持续进行整理、辨析和优化。这需要大量的人、财、物的支持。从目前研究和整理的现状来看，在文学、语言学、方言、区域历史、区域地理、地方志等文本到非物质文化遗产领域，都有非常多的书面或口头传承的材料在被进行系统的梳理和辨析。可是，就一门独立并且完整的学科而言，这些工作和研究还只能说是起点和基础，对松辽区域文化乃至所有区域文化的研究而言，我们永远在路上。

对于任何科学研究来说，问题意识都是首要的，发现问题、提出问题、尝试回应和解决问题是科学研究的存在意义和使命。而形成一门学科需要有这个领域相对成熟的理论研究作前提。这个相对成熟的研究的标志是：有独立的和独特的研究主题、研究的问题域、研究的内容、研究的方法、大量的高质量的获得承认和检验的研究成果。有关松辽文化的学术著作正日益增多，研究范围也日益从点到面，不断丰富的区域历史经验和实践智慧的发现促使"区域文化研究"的觉醒并促使"松辽学"日益显学化。

第六章

发力文化供给侧结构性改革

第六章　发力文化供给侧结构性改革

文化自觉需要从国家、社会、个人等多个层面共同发力。着眼于战略规划、顶层设计和政策保障的国家层面的文化自觉尤为重要。当前，我国的文化供给侧结构性改革，既有自上而下的战略设计，又有自下而上的基层探索，形成了优势互补、全员联动的改革态势，这种改革经验凝聚着中国智慧。因此，制度创新也必然是"松辽区域文化"产业发展的方向和社会保障。

一、认真解读和利用相关政策红利

习近平总书记强调，国家要加大对东北老工业基地振兴的支持力度，东北地区也要增强内生发展活力和动力，精准发力。当前，文化产业综合化、区域化、整体化发展格局日渐成熟，文化产业与其他产业、地区经济发展的融合和共赢的效果也日渐彰显。与之相伴的是文化产业的政策导向也正在向"互联网+文化+创意+创业"多核驱动转变，把文化产业的发展与创业、创意、创新、产业升级、驱动转型相结合，探索和总结它们相互结合过程中形成的经验、方式、方法，形成更加合理、行之有效的市场化机制。

对文化产业进行扶持，在国家层面可以进行相关立法，如保障文化企业知识产权提前资本化没有资金化的立法、保障文化产品知识产权的立法、向国外宣传推广文创产品方面的立法等。鉴于人才资源的稀缺和急需，还要建立一批能培养和造就对文化产品资产价值进行前瞻性评估和鉴别的高端人才的专门机构。文化生产力有非凡的意义，因为文化影响力本身也是国家美誉度和国民总魅力度的一部分，它不仅能直接拉动经济的发展，更能直接提升国家文化软实力。

文化部在2016年全国文化产业工作会议上，特别提出文化产业发展的主要任务之一是要优化区域文化产业发展布局；在经济新常态背景下，文化产业正成为推动经济发展转型升级的重要一极。当前也正是我国文化产业提质升级的战略机遇期和关键期。在这一时期，文化产业的区域化发展，以及区域间和区域内部的联动将会成为一个重要的发展引擎和主要特征。区域化发展将打破原有的行政区划，跨越原有的产业格局和行业壁垒，整合各方面资源，合理配置各种文化产业要素，形成具有世界眼光、促进区域联动、推动整体共赢的文化产业格局。区域文化的发展正可以乘势而上，将文化产业作为支柱产业，遵循文化产业规律，紧密联系当前创新驱动的发展战略、转型升级的迫切要求和"互联网+""文化+"的发展趋势，提升松辽文化创意产业能级，打造文化产业"创新极"，实现可持续发展。将文化产业的诸多要素进行有机的市场化配置与整合，突破行政区划的阻隔和产业门类的分割，才能实现国际化生产、交换与消费整体共赢的文化产业发展大格局。

通过认真解读国家相关文件，明晰相关文化政策，引导扶持相关激励机制，营造适合"松辽区域文化"产业化发展的氛围，对于推动文化产业化发展颇为关键。目前，依托沈阳市沈河区、哈尔滨市南岗区等国家示范区的契机，松辽地区正在积极探索提升示范区文化服务效能，保障松辽地区民众基本文化权益的路径；利用"问题意识"来提炼典型经验，形成促进体制机制创新，提升服务能力和示范作用的实践典型；通过产业升级、文化推动，建立起区域文化自信，发展自信。

完善"松辽区域文化"产业化的制度需要多管齐下。要建立和完善规范松辽地区文化产业与文化市场的法律制度；建立与不断发展的社会主义市场经济相适应的，具有适应能力、灵活开放的新的文化经营机制和管理体制，对松辽地区现有的文化单位进行条分缕析、分类管理；要逐步将事业型文化单位向企业型、产业型转变，通过建立现代文化企业制度，形成具有市场影响力的文化法人实体和市场竞争主体；要建立多渠道的文化产业投资和融资体制，鼓励和大力兴办文化个体户和民营文化企业，鼓励个人、单位、团体捐赠和设立文化发展基金，推动文化产业化逐步发展。

松辽地区历史悠久，自古以来就是众多民族繁衍生息和沟通交流的重要地带，也是我国重要的少数民族历史文化沉积带，在我国的区域发展战略和文化发展格局中具有特殊地位。"松辽区域文化"的可持续发展还需要中央财政发挥杠杆作用，实现东北地区文化与产业的两轮驱动。因此，要努力提升区域内文化产业的开发能力，要有计划地培育和扩展民众的文化消费空间，要用火热的区域文化发展实践和快速而稳健崛起的文化产业集群形成示范效应，尽可能多地吸引中央财政专项资金的扶持。

二、要对松辽地区的公共文化服务进行设计和优化

在文化产业区域化大背景下，松辽地区急需一个系统论框架下的规划，为文化中心建设确立系统优化的发展方向。规划应以力争让建设成果惠及更多人民群众为目标，要构建新媒体时代的文化传播体系，要保护东北特色文化"符号"，促进公共文化精准服务，唤醒民众文化创意热情，激活产业创新能力。要充分发挥东北地区众多高等院校、科研院所和两院院士积累起的丰厚文化底蕴，形成的强大的文化创新能力和区域文化的创造力，厚积薄发，建立起覆盖整个区域，整个时间段的省、市、县、乡镇、社区、村多级联动的文化活动机制，释放东北发展的内生动力。要充分利用松辽地区深厚的文化底蕴，实施文创产业功能区构建和文化产业项目带动战略，实现对"松辽区域文化"的个性化、特色化、集群化发展的布局。

松辽地区还可以围绕深化文化体制改革和增强文化自信出台一系

列政策性文件，拓展文化产业化的渠道和方法，构建起东北地区"专业、均等、多元"的公共文化服务多层供给模式，形成"政府主导、社会参与、全民共享"的系统合力。通过政策引领和资金扶持，为社会力量参与松辽地区文化建设确立方向，积极拓展社会力量参与松辽地区公共文化服务的广度和深度。通过对松辽地区公共文化建设的管理体制、人才资源、资金投入、文化阵地、产品供给、制度保障等方面进行整合，争取吸引和撬动更多社会资本投入到松辽地区的公共文化服务中，建立起东北地区文化产业投资基金、东北地区旅游产业投资基金，推动基础设施改善和重大文化项目建设。还可以制定《东北地区重大文化项目规划资金补助办法》，建立奖惩分明的动态管理项目考核机制，保证基金投入向省级重大文化项目倾斜。通过各省财政对文化企业贷款投资重大文化项目建设时产生的利息给予贴息补助，对文化企业发行债券产生的发行费用给予补贴，保证文化产业化的资金来源。通过各省财政协调督促各项目单位充分利用国家发改委专项建设基金，鼓励和支持有实力且有潜力的民营文化企业参与重大文化项目建设中。

要充分发挥东北地区各省委省政府文化项目建设领导小组在"大文化建设，大数据运作，大利益统筹"上的供给侧作用，进行顶层设计。对文化自信要有责任有担当，敢于发掘文化产业对提升东北地区文化软实力的重大意义，从省级层面系统梳理东北地区的文化资源，进行整体规划和优化协同。充分利用松辽地区深厚的文化底蕴，实施文创产业功能区构建和文化产业项目带动战略，通过发掘"松辽区域文化"个性化、特色化、集群化的文化资源构建东北地区文化产业化的战略格局。充分利用新兴技术手段，建立能够协调各方并且资源共享的"云平台"；创建由东北地区各省权威部门牵头、相关部门或经济实体参加的资金投入和收支"一本账"管理机构[1]，为把项目落到实

---

[1] 秦毅：《要经得起历史、人民和市场检验》，《中国文化报》，2016－11－15。

处提供坚强有力的保障。

要充分发挥地方志在传承中华文明、发掘历史智慧方面的重要作用，发掘其作为历史智慧的重要载体和重要的文化事业基础的功能，为东北地区文化产业化发展服务。要做好东北地区各省市县乡的地方志工作，需要从以下几方面着手：首先，要明确各级政府的管理和发展职责，发挥好各级地方志工作机构的统筹规划等作用。其次，要加强质量意识，多出体现松辽地区文化特色的精志和佳志。最后，要把地方志工作纳入松辽地区的公共文化服务体系建设中，加快松辽地区的方志馆、方志网站、数据库等的建设，拓展民众了解东北区域史志的渠道，鼓励和倡导区域民众多读地方志，深挖地方志，编修地方志，解读地方志，传播地方志，让区域历史给我们智慧来推进松辽区域治理体系和治理能力现代化。

发挥基层文化站对文化产业化发展的基础作用。乡镇文化站是满足基层群众精神文化需求和提高文化素质的"最后一公里"的服务。政府出资出设备，下大力气建设文化站的初衷就是要满足最多数群众的日益增长的文化需求。文化站空壳现象以及其无意识、无能力、不作为，遭受损失的是政府的公信力、政府的财物和百姓的权益。因此，政府在对乡镇文化站进行投入的同时，需要加强整顿，让基层文化站能有作为。首先，需要遴选出有文化有知识、有热情、有能力、有思路有作为的人做文化站站长。其次，要建立能够推动基层文化站发挥功能的考核机制、奖惩机制和监督机制。通过将乡镇文化站工作纳入县级和乡级政府日常工作，强化基层文化站在基层文化引领中的重要地位，扩大基层文化站的号召力和影响力，让更多的人了解文化站对自身的益处，在理解基础上认同文化站的工作，并积极加入到文化站的创建和文化开展中；最后，要对乡镇文化站工作进行分类指导，帮助他们制定短期和中期文化发展规划，群策群力创设群文品牌，利用文化站平台挖掘地方文化人才，选拔和培养群文队伍，特别为百姓劳作之余的闲暇时间提供高品质的生活选择。把服务于人民的情怀转化成发展的动力、能力和执行力。

文化自觉，也是梳理生活智慧，重塑文化自信的过程。松辽区域文化产业化同样离不开发掘基层文化智慧，传承区域文化传统，构建松辽区域文化影响力的过程。构建区域文化要加强对松辽地区非遗项目的整体保护，加大对各种所有制的非遗艺术表演团体的保障扶持；坚持活态传承，挖掘整理与新编移植相结合、艺术行当整体培养与个体传承相结合、实景演出与数字传播相结合；构建省、市、县、乡、村五级工作体系，分级落实责任；要培育和规范非遗的商业化行为，严格文化市场管理和执法，探索和建立松辽地区非遗生态保护规划区、非遗创作带动区、非遗人才培育区、非遗传播普及示范区和非遗市场演出榜样区等，让东北地区非遗的可持续发展的内生动力与外部驱动同时发挥作用。

文化事业产业发展离不开人才队伍建设。大力实施全民文化创新工程，坚持尊重人民群众的创作主体地位，注重民间艺人、文化能人的发现和培养，重点扶持发展一批优秀民间文化经营人才、文化管理团队，建立文化产业经营管理人才库。[①] 建立激励机制，激发群众创作热情来来创作一大批以松辽地区历史、人文资源和现实生活为内容的文化精品。应该积极凝聚力量，发挥文化遗产保护方面的专家学者、企业家、地方政府、松辽地区文化遗产的所有者、遗址和周边地区的居民等多方的合力，将松辽地区传统工艺在民众的"欣赏、追忆、消费、使用和审美"中嵌入人们当下的生活中，参与市场化竞争；还要积极探索松辽传统工艺在新媒体、新技术时代的存在和发展的方式，找到文化遗产在现代社会发挥文物与教育作用的有效方式，实现文化遗产的保护与合理利用的双赢。

促进文化消费，延伸公共文化服务领域。要大力实施"文化引领"

---

① 刘振州，孙楠：《文化软实力 发展硬支撑》，2016年9月29日《中国文化报》，第7版。

"文化民生""文化民心"工程,从"文化惠民"上升到"文化悦民""文化慧民"和"文化觉民"。要以高度的文化自觉和文化自信,用"大文化"观探索文化来引领松辽地区经济社会发展的新路径,建立"文化消费补贴"制度,在城市规划建设中加强文化介入,让文化促进科学发展综合评价指标体系的建立,实施历史传统文化保护扶持资金实施细则,在财政上保障文化建设资金落实;要建立城市规划文化审议制度,对城市大型公共建筑等项目进行规划评价,并据此设计建设具有松辽地区特色的文化新地标;创建国家公共文化服务体系示范区,提升松辽区域文化品质。

借力成功经验,展现区域需求,寻找发展路径。我们可以吸取"美丽乡村·筑梦有我"大型新闻公益行动的成功经验,凝练自己的方法。从2015年开始,一百多名北京市广播电视优秀主持人助力北京郊区一百五十余个村庄的美丽乡村建设,行程超过十万公里,完成四十多个优质帮扶项目,撬动合作单位百余家,吸引社会各界三千多人参与。东北地区可以长期开展由各省市农工委、各省广播电视台、各省农商银行共同举办"美丽乡村"新闻公益行动。让更多的主持人和明星与松辽地区的村庄牵手,在艺术、环保、群众文化、法制、旅游、乡情等多个领域担当志愿者,以吸引更多的社会资源,撬动更多的社会资本,参与到东北地区特别是低收入村庄的经济发展与精神文明建设中来,助力东北地区的美丽乡村建设。

用公共文化消费刺激文化再生产,鼓励公共文化服务提供者生产出更多、更高品质的服务产品,让社会力量参与公共文化服务更具可持续性。松辽地区公共文化服务建设也应该着眼于长远,形成覆盖广大民众,满足多重文化需求的立体化文化体系,因此,分层设计、统筹安排是有必要的。一方面,松辽地区的公共文化服务建设应该着眼于大众,为松辽地区普通大众提供公益性的标准化服务。要以不断满足人民群众日益增长的文化需要为出发点,以公共图书馆、博物馆、文化馆和革命纪念馆为平台,稳步推进松辽地区公共文化设施服务站点建设。另一方面，松辽地区的公共文化服务建设也应该着眼于提供收费的个性化服务，满足有特殊要求的民众。为此，要逐级且细致地制定公共文化设施建设的奖励资金、文化志愿者的奖励资金、文化消费补贴等的具体实施细则，发挥资金的效率和价值。依托东北地区包括黑龙江省博物馆、辽宁省博物馆、沈阳故宫博物院、伪满皇宫博物院、黑龙江省民族博物馆、大连旅顺博物馆、东北烈士纪念馆、张氏帅府博物馆在内的十一家文化场馆入选全国试点单位的机遇，将财政资金最优使用，加大对区域公共文化设施建设、对区域文化人才的发现和培育、对文艺精品的创作、对传统文化的创意创新方面的扶持和奖励；多成立一些融松辽地区文化艺术传播、文化普及、群文活动、文化符号展示等功能于一体的文化中心，提升城市内涵品质；鼓励和指导各乡镇各街道新建、改建、扩建乡镇新型多功能综合文体活动中心，提供文艺展演、科普教育等服务，引导和提升公众，特别是青少年对优秀传统文化的兴趣，使优秀传统文化潜移默化在群众日常生活之中。结合"世界读书日""文化遗产日"等重要节点，通过"农博会"、博物馆联动、"社区文化补贴"等惠民工程，构建多层次公共文化服务供给体系。各级政府要撬动社会各界的资源，为广大人民群众提供更加多元化、更加高品质的公共文化服务。

明确特色城镇的文化定位，对松辽地区的村镇文脉进行梳理和保护性传承。在保持小镇风貌的基础上，对其历史、人文、建筑风格和生活样式综合考量，统筹规划，尽可能区域联动，相互借力，提升文创小镇的竞争力。松辽地区自然生态环境优越，生态旅游特色明显，特色城镇建设可以以此为优势，借助大数据手段，了解松辽地区经济社会发展的需求，推进松辽地区民族、民间文化与松辽大生态大旅游等领域的深度融合，把松辽地区的文化产业培育成为区域人民奔向小康的民生产业，培育成松辽地区创新发展的新兴产业。依托国家新型城镇化试点建设，积极探索松辽地区全域生态化、景观化、特色化的新型城镇发展模式，打造一批具有松辽特色的民间精品文化旅游产品，

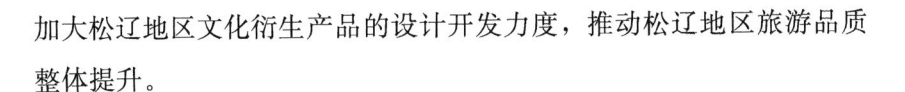

加大松辽地区文化衍生产品的设计开发力度，推动松辽地区旅游品质整体提升。

三、抓时机、讲策略，加强国际传播能力

直面区域传统文化萎缩流失、外来文化冲击等困境，区域文化发展需要认真诠释区域传统文化，准确表述区域传统文化，拓展传播传统文化的手段和方式，把区域文化润物细无声地渗透到松辽地区民众的日常生活、教育教学、文艺创作、文化产业等各个方面，增强区域传统文化的覆盖面和影响力。加强"松辽区域文化"的传播能力，需要协调东北地区各方面的资源，创新体制机制，形成合力。要注重顶层战略设计，瞄准松辽区域发展的长期战略，深入研究国际文化传播、文化政策、文化贸易、文化规则、文化产业等的变动趋势，借鉴其他国家和地区的文化建设经验，确立东北地区文化话语体系构建的目标、战略蓝图和时间表；要建立东北地区国际文化话语体系联席会议制度，加强文化互通互联；要整合区域文化资源，引导文化企业、文化机构、高等院校、文化协会、社会媒体等共同参与，构建东北地区国际文化话语体系大格局。

加强松辽地区古籍的数字化转换，重点古籍的整理出版，特色历史文献的宣传推广。利用"十三五"时期国家推进文化发展改革规划的重要契机，松辽区域应该加强省际联合，建设红色文化资源片状保护区，着力打造东北地区的红色名片，实现资源保护、科学研究、开发利用、创作提炼、教育民众等功能。要不断更新松辽大地省市县各级红色文化资源数据库，将红色文化遗址建设和保护纳入松辽地区城镇化建设和新农村建设规划。丰富红色文化创意产品的创作和供给，将精准扶贫与红色文化片区以及示范区相结合，依托重点文物场馆和红色基地建设，推动松辽地区跨区域红色文化资源协作开发。有条件的地区可以先行尝试将红色文化纳入向社会购买公共文化服务的基本目录的有效途径，并在获得成功后将经验逐渐推广到所有的红色文化

覆盖区，以激活更多社会资本。开展以中国文物保护基金会作为发起人，东北地区各省文化厅、党史研究室、地方志编纂委员会等参与并推动开展的"讲文物故事、懂家乡历史"等各类比赛，宣传东北区域的特色文化。开展文物文化解说阐释工程，邀请全国或东北地区的文物爱好者、文物保护者、专家学者等，对那些研究不深入、阐释不准确、没有明确解说词的文物，特别是那些具有文化旅游价值的历史建筑、古代遗址、传统民俗村落等进行背后故事挖掘和文化内涵解读，通过对文物文化的阐释和诠释，将其记载的松辽地区各民族的历史风物、文化内涵、精神内涵和市场价值挖掘出来，并向世界传播出去；同时，推动松辽地区文物的历史、典故、文化、艺术、科学等方方面面价值的挖掘和研究，提升松辽地区文物的开放与展示利用水平。

跨文化交往根植于文化价值的深刻共鸣。[1] 构建松辽区域文化的国际话语体系，应挖掘区域间的价值共鸣，以催化认同、增进互信，从体现松辽区域文化的生命力、凝聚力与感召力出发，以传播社会主义核心价值观以及松辽区域文化精神为基本准则，用精准精彩的松辽文化故事的世界属性做传导，触及其他国家与区域人民的心灵。松辽地区人文历史悠久，文化资源丰富，自古就有民族交汇、文化交融的传统，被挖掘出来的众多历史典故、传说故事、文化遗迹也大多带有与其他国家、地区、民族文化交汇交融的印记，这些既是松辽区域文化发展的财富，更是构建国际文化话语体系的丰沛资源。以此为平台，创造出体现区域文化特色的文化艺术精品，就不仅为当地人所喜闻乐见，而且会被具有类似文化背景的其他国家、地区和民族的人民所认同。辽宁人民艺术剧院的艺术化尝试就刚好契合了松辽区域国际文化话语体系构建的灵魂，值得其它地方借鉴。辽宁人民艺术剧院打造了两部非常好看且在第六届国际戏剧奥林匹克展演中广受好评的戏剧。

---

[1] 上海市文化广播影视管理局：《建构融通中外的上海国际文化话语体系》，《中国文化报》，2016—10—28。

《代理村官》可以说是一部调动了一切能展现东北民俗元素的中国原创话剧和农村生活喜剧;《祖传秘方》则是一部集中表现东北人民坚毅性格和不屈民族气节的民族话剧。在海参崴(符拉迪沃斯托克)2016年"黑龙江日"活动上,作为松花江辽河流域文明传承重要载体之一,集女真人与中华汉族技艺之大成的"读五色极思、绣天地古今"的黑龙江省刺绣,非常完美地向世界展示了松辽地区独特文化形态和文化品格。

加强对松辽区域传统文化的创新,将松辽区域传统文化与文化创意、科技手段、现代传播相结合,实现互联网平台和新媒体形态全覆盖,挖掘对松辽区域传统文化当代价值的提炼,增强松辽传统文化的话语体系构建能力和传播效果。松辽地区可以积极申办和举办各类国际活动,特别是跨区域的国际性文化交流活动,通过活动加强海内外媒体之间的资源共享,借助海内外媒体资源集聚东北地区的文化优势,通过挖掘和利用重大文化活动的品牌效应,增强松辽区域文化的影响力,有效地推动松辽区域文化在国际文化话语体系中的竞争力和影响力。"中国四大电影节"之一的长春国际电影节、大连时装节等一系列著名的文化活动品牌,都可以为我所用,为我助力,成为推动松辽区域文化绽放光彩的优势平台和重要杠杆。在各类重大文化节庆活动中,都应该注重提炼体现松辽区域文化国际影响力的核心内涵,建立起有利于推广松辽区域文化话语体系的活动策划导向。可以积极引领并开展中、蒙、韩、日等各个国家有特色有传统的城市加入的、多元文化交融的东北亚文化节;打造以松辽区域为中心,覆盖东北亚范围多边交往,促进区域文化交流、共享、创新、共赢的机制和平台;在多元文化交汇中实现东北区域文化振兴,塑造松辽地区的东北亚文化之都的地位和影响力。

还有积极借力国家级媒体的平台,重塑松辽文化形象。特别是黑龙江省大庆市、吉林省通化市、吉林省延边朝鲜族自治州等市州县,要积极利用《魅力中国城》等国家级高关注度的平台,借力使力。要利用好魅力城市评选要求中的市委市政府、所在城市的专家学者、旅友和文化达人共同组队的机会，不限形式地倾尽全力地宣介城市和区域的文旅价值和文化特色。自我设计和塑造加上比赛的四个竞演阶段，再加上观察团、大众评审和网友的共同关注，就更是把评选过程提升到了认识和发现自身文化历史、文化资源、文化魅力、文化优势、文化品位的过程，提升到了向城市外部提炼和展示自己的文化的过程，提升到了吸引全球目光的过程。

加强文化交流与合作，拓展文化影响力。松辽地区要重视通过各种文化宣传活动，向世界宣传推介区域的优秀文化艺术，让松辽区域文化的魅力吸引更多域外人士的兴趣和理解。在原有的如"首尔·中国日"大型广场演出活动之外，可以与亚洲各国乃至世界各国开展如"劲吹'东北风'""中国东北地区文化周"活动；也可以在其他国家和地区开展"松辽文化展示月"活动。除此以外，更要着眼长远，在更大的视野上谋划文化艺术交流的战略布局，聚焦国际大都市、世界文化之都、友好城市、拥有海外中国文化中心的城市，更要进行以点带面的交流，逐步扩大文化影响。为此，借助各国设计节、世博会等国际交流的平台，借助独特的松辽文化艺术、系列人文讲座、松辽区域特色的非物质文化遗产以及多维度的文化交流，让更多的国家和人民对中国东北这片神奇的土地有真切的感知和深深的向往，进而愿意进一步认识和了解松辽区域文化，更进一步加深友谊，促进方方面面的交流与合作走向深入。

积极引导各类国际文化项目落户东北，借势提升松辽区域文化的讲述和表现能力。各类国际文化项目的缔造者不仅是文化内容、产品和服务的提供者，更是这些文化领域的潮流引领方和规则制定方，引进和参与这些具有影响力和号召力的项目，加强与他们的交流和学习，对松辽区域文化的发展和提升具有积极的意义。要增强松辽民众对松辽区域文化话语体系的认知，提高松辽地区民众对东北地区国际文化话语体系建设重要性的认识，加强松辽地区文化话语在国际文化交流中的普及，注重对国际文化交流中松辽区域文化表达的核心理念、重要语言等的提炼和推广，引导人们在日常生活、境外旅游、文化交流等过程中有意识地使用。要大力培养和引进国际文化传播、文化贸易、文化金融、文化科技等领域的复合型人才，提高松辽区域文化话语体系的传播能力和技巧，助力松辽区域文化话语体系影响力的构建。要充分利用东北地区现有各类文化扶持资金，引导松辽地区文化产业、文化创意等相关领域的扶持资金向话语权和表达力体系项目倾斜，将经费资源更精准地投向话语体系建设的重点文化企业、各级智库、研究基地等；探索多层次文化融资体系；成立松辽区域演艺联盟，依托国家对文化产业的扶持，融合多种商业模式和运营手段，打造国内外知名品牌；加强对世界艺术博物馆等文化机构重大项目的经费支持和考核指标约束；与此同时，必须建立由东北地区各文化部门、各行业协会、公众共同参与的文化安全防控体系和文化安全沟通机制。

要建构高层人文交流和磋商的平台，建立起与其他区域文明的交流和沟通渠道，形成多元文化融合的氛围。松辽区域文化发展可以着眼于把黑龙江流域、乌苏里江领域、辽河流域文明与其他大河流域如恒河、尼罗河、伏尔加河、多瑙河、泰晤士河、密西西比河流域等之间的文化、历史比较作为课题，通过课题研究，推动松辽地区与其他文明学习交流的深入，让丰硕的国内外理论研究成果转化为现实的推动交流合作的新动能和新平台，把区域文化人才、智库遴选、营销理念、推广手段、社会资本进行对接，让各种资源在有机的归整中都被盘活，为各自所属文化区域的发展的升级转型找到新突破口。

为此，除了邀请各流域沿线的相关研究机构及专家学者参加外，还可以寻求文化部等国家文化主管部门的支持，吸引对外文化交流协会以及各类文化传媒集团的参与，通过各类文化研究计划、学者访华项目吸引和资助更多愿意参与跨流域文化比较的研究者。

也要借鉴孔子学院的成功经验，设立域外文化中心，以松辽区域文化与域外文化的交汇点为切入口，加强文化的对话和衔接。中心可以争取文化部的支持，形成文化部与东北地区各省政府合作共建，中心负责的格局，构建起全媒体宣传平台，包括涵盖多种语言的官方网站，形成多方位、立体式的宣传格局。要发挥域外文化中心的地缘优势，使松辽区域文化辐射扩散，推动东北地区与境外其他国家的城市在多领域的交流合作，展示松辽区域文化，建构积极正面的东北地区国际形象。

境外媒体是国际社会观察松辽区域文化的窗口，各美其美的多彩松辽景观，美美与共的区域民族文化需要通过境外媒体这个窗口塑造成为东北区域的文化名片。东北地区各省应积极推动境外媒体对松辽区域文化氛围的感知度，使在东北地区的境外媒体成为松辽区域文化话语体系传播的重要途径。应该将区域内自然和人文资源最为集中、最有特色的地区倾力打造成传播松辽地区民族民间文化、展示多彩松辽文化和大规模、高规格、高水平的旅游名片。国家级的新区建设同样要两翼齐飞，成为推介东北区域文化发展的载体。新区建设既要发展"经济新区"，还要发展"文化新区"，要在整合松辽区域内的民族民俗文化等特色文化品牌的基础上，把"文化新区"直接转化为松辽地区旅游新门户，助推区域文化旅游的转型升级。松辽区域要借助传统文化优势，加大民族、民间文化的开发和开放力度，借力打造中国（东北地区）国际民族民间文化旅游产品博览会等平台。

东北地区各省文化部门要借助"一带一路"的契机，积极参与参加和创办各类文化活动。辽宁省作为"一带一路"倡议中构建欧亚大陆桥出海口的重要区域，作为"中蒙俄经济走廊"的关键环节，其沿海经济带更是文化、经济等各方面交流的重要平台。文化部在"一带一路"框架下举办的中国文化年、中国文化节等交流活动是东北地区文化展示的重要平台和窗口。由文化部、黑龙江省政府和俄罗斯联邦文化部共同主办的"中俄文化大集"已成为中俄民众的共同节日，在中俄区域间文化艺术交流、文化产业合作、文化贸易方面堪称典范，中俄艺术品陈列馆、国内首家中俄艺术品交易机构、"指尖芳华"非物质文化遗产精品展、俄罗斯手工艺品展,"当诗经遇上普希金"主题朗诵会、文化部全国首个"文化睦邻之家"等,已成功升级成中俄两国文化交流与合作的机制性项目。文化大集通过文化搭台,经济演奏,开展了各类旅游经贸恳谈会、边境养老机制、海内外侨领侨商合作项目恳谈会、报业旅游高峰论坛等,丰富了东北亚区域经济发展、区域间的合作和文化贸易的提升。文化大集也已经成为所属区域高校实践教学与市场需求结合的平台,东北地区所具有的众多优势的教学科研资源展开对此文化现象的研究和关注,为文化大集的品牌化、精品化、持续化发展注入了活力和动力。与此同时,文化大集在俄罗斯同时开集,中国当代艺术展、中国手工艺美术展等系列展览在布拉戈维申斯克市举办,为宣传东北区域文化安上了助推器。目前,围绕"龙江丝路带"建设,东北地区将立足东北亚地缘优势,进一步整合东北地区地域文化资源,搭建和利用好对俄文化产业平台、项目和机制,为"中蒙俄经济走廊"的多层次、宽领域、全方位交流贡献智慧。

借力东北地区各省的国际文化产业博览会等平台,可以全面展示东北地区文化产业发展的新成果,深化东北地区与国内外的文化交流和贸易,积极提升东北地区文化产业的知名度和影响力。鼓励和支持具有松辽地区民族特色、区域特色、中国特色的优秀文化艺术和文化产品更多地也更有信心地进行对外文化交流,加速松辽文化的国际传播,不断提升中华文明的国际影响力和竞争力。让随处可见的中国特色的东北元素成为展现国家文化软实力的又一个窗口,依托国家层面的政策支持、省域层面的系统联动,松辽文化既可以进行"主场外交",也可以实行文化交流的"点穴式外交",用属于区域特有的文化自信影响各方,挥洒中国力量和中国智慧,惊艳亚洲也惊艳世界,使蕴藏在民间的文化创新智慧得到释放,使文化创新力量澎湃奔涌。

第七章

引导松辽区域文化的文化性格和社会心理

第七章 引导松辽区域文化的文化性格和社会心理

推进东北地区文化觉醒，充分发挥文化生产力的作用，实现东北老工业基地的再次崛起和腾飞，不仅仅意味着在东北地区形成一个"松辽学"，也不仅仅意味着凝聚一批在全国甚至全世界都有较大影响的专家学者，也不仅仅意味着创作出大批东北地区的文化艺术精品，更重要的是整体提升东北地区人民的人文素养和精神文明。

一、"松辽区域文化"性格是更深层次的历史积淀

区域文化是区域民众实践和实存的形式、确证和显著标志。每一个国家、每一个民族都有自己的文化，每一种文化又都是由特定的一个或多个民族创造出来、传承并发展下去；每一个不同国家和民族都是在各自长期居住的自然和地理环境中，创造出深印着所在区域自然地理特征呈现出来的区域文化。这种在环境和实践同一性的区域内发生的实践一致性的结构，又形成了种种特别的拥有文化和自然共同边界的"文化区域"。质实贞刚、刚健自强的"松辽区域文化"作为东北地区人民繁衍生息的底色，依托于深厚的历史底蕴，是松辽地区经济社会的发展离不开的主题，从松辽地区建筑文化到松辽地区饮食文化，再到民众的礼俗社会和日常生活，无不彰显着"松辽区域文化"的气息。"松辽区域文化"以它恒久的生产方式、生活方式、致思理路、行为模式、风土风物、语言符号等形式在东北地区人民心理和思维中被积淀和沉淀，今天依然在某种程度上影响着东北地区人民的生存生活方式、致思评价模式、表达方式和人生礼俗。对这种影响和沉淀进行

科学评判和取舍将有助于促进东北地区经济社会的发展。但我们也要正视，东北地区人民的文化素质仍与区域文化可持续发展和中华民族伟大复兴所需要的文化自觉有非常大的差距，毕竟人口中的大多数不会人人都是名人名流，也不会人人都是学者专家，更不会人人都生活在高度的文化自觉的状态中，所以，让更多的普通人都能最大限度地实现自身的自由和解放，是建设东北地区文化大省的宏大而持久的系统工程。

没有文化自觉，社会发展就会长期处于有很大不确定性和随意性的自发状态。文化心理在一定意义上可以说是区域文化的文化本源，它从本源意义上把个体从文化自然人确证为文化人。文化心理同样具有建构性、解构性、开放性的特点。它包括文化心理的自我建构、自我解构和自我超越三个方面。文化心理就区域个体而言是现时性现象，而对区域民众而言却是历时性现象。区域生活的每个个体要生成为区域文化中的一员，就必须实现从个体文化心理向区域文化精神的转换。这种转换过程，也是区域文化心理的书写化和文本化。文化心理结构具有相对稳定性。区域文化心理结构，内蕴着区域文化的生存理智、生活情感和生活意志。区域文化的性格是处在不断被建构的过程中，它不是一种既定的、结果性的、被早已放在特定和固定场景中的在者，而是一种被建构的、有意义的、活跃在人们社会心理时空中的在者。区域文化心理结构的生命力和实存，将区域文化的潜意识自觉提升到前意识和显意识中，没有区域民众的实践和建构，就不存在文化性格和心理。

"松辽区域文化"性格有两种最基本的功能，第一是它的实践性和实存性功能。松辽区域文化可以满足松辽地区人们的实践需要，提供松辽民众社会生活实践所需要的方方面面经验、法则和方法，这种提供也同时确证了区域民众的实存。"松辽区域文化"塑造了松辽人，也因此成为松辽民众生存、生活和实践的源泉。文化给民众以知识、智慧、信念和力量，提供给人们需要的各种生产、生活经验，文化的差异实际上也就是它们所蕴含的经验内容的差异。正因如此，不同国家、民族、区域的文化需要外倾的视角和交流的渴望，需要相互学习和借鉴，需要多采撷殊方异域的文化精华，既在学习互鉴中提升自己，更在他者的视野中发现自己，重新审视自己，进而在更大的视野和格局中定位自身，为整个中华文明和世界文明做出贡献，实现共赢和多赢。

第二是它的主体性功能。这种功能是松辽地区民众的主体性力量的确证。松辽地区人民作为实践主体有发现自我、确证自我和满足自我的需要，这种需要其实是通过"松辽区域文化"这种创造来体现和实现的。文化是由谁创造的，或者说一种文化能满足谁的确证自我的需要，它就是属于谁的文化。东北地区社会经济的渊源、发展演变的历程、区域历史特点、特色品牌、标识性文创产品、经验教训、资源的独特性、资源的强势，所有这一切，需要被松辽地区人民掌握并创造性地转化为区域文化精品工程、区域民间文化工程、区域文化基础工程，让刚健自强的"松辽区域文化"在东北地区文化强省的实践中成为"音乐中的首席"。文化的实践性功能可以被多种多个文化主体所用，但主体性功能却是非这种区域文化莫属。

"松辽区域文化"虽然是一种地区性文化，但同时又兼具世界性的品格，在中华文明和世界文化建构中都曾经也正在发挥重要作用。在全球化场域中，"松辽区域文化"乃至整个中国文化的主体性意识都更强化了。"松辽区域文化"的这种主体性和专属性，正可以满足在更多更大的他者和场域中对自我意识的确认。古往今来，人类社会存在过多种多样姿彩绚烂的文化，今天，这些文化内化于各自的文化主体身上，使得文化的交往处于更为复杂和纷繁的状态之中。文化主体意识的增强也使得众多曾经潜在的文化主体渐次凸显为现实的文化主体，并使本就多样和多元的人类文化不断从自在状态、自为状态提升到自觉状态。也正因如此，更加多元、更具色彩的文化不仅是当前人类社会的共时性现状，更会是人类社会发展的恒常景观。当然，文化交往和互鉴过程本身也必然会引起这种相反的效应或可称为伴随状况，即，

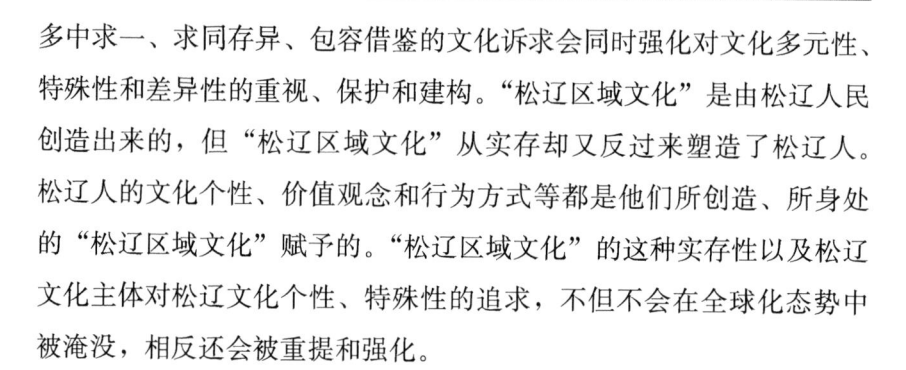

多中求一、求同存异、包容借鉴的文化诉求会同时强化对文化多元性、特殊性和差异性的重视、保护和建构。"松辽区域文化"是由松辽人民创造出来的，但"松辽区域文化"从实存却又反过来塑造了松辽人。松辽人的文化个性、价值观念和行为方式等都是他们所创造、所身处的"松辽区域文化"赋予的。"松辽区域文化"的这种实存性以及松辽文化主体对松辽文化个性、特殊性的追求，不但不会在全球化态势中被淹没，相反还会被重提和强化。

二、"松辽区域文化"性格是对自身文化个性的追求

"松辽区域文化"作为松辽地区民众在与所处生活环境的博弈中所形成的文化模式，有它独特的文化性格。文化性格属于文化人类学范畴，是指特定的文化环境会影响和促成所属文化区域的民众形成的与文化环境相适应的性格特征。"松辽区域文化"性格是生活在松辽文化区域内的绝大多数民众都共同具有的、有特定倾向的、相对稳定的心理特征。与伦理道德、宗教信仰、思想观念相比，"松辽区域文化"性格是更深层次的、更持久的历史积淀。它凸显了"松辽区域文化"主体有别于其他文化区域群体的个性特征。当然，我们必须看到，全球化态势正使那种"百里异习、千里殊俗"的文化景致逐渐削弱，但因为形成"松辽区域文化"性格差异的各种原因依然并将长期存在，因此，"松辽区域文化"性格也不会在短时间内消亡。正是"一方水土养一方人"的地理环境，使得"松辽区域文化"形成独具特色的经济结构、行政区划、特殊政策等。以东北地区为中心创造和发展的"松辽区域文化"，在历史的长河中一方面繁荣和推动了中国文化的发展，另一方面，又内倾、内化为松辽民众的文化性格。在历时性层面，各种现代色彩和流变对松辽地区人们文化性格的影响，是在松辽传统文化底色上的不断叠加和融合。

"松辽区域文化"性格首先具有自发、自为、自动和自创的功能。"松辽区域文化"性格是一种文化性格，它还不是经过理论化、系统化

处理的思想观念的理论体系。作为一种性格，它是非理性的、集体无意识的、自发自为的。但松辽文化区域的文化性格，又不是个体的本能或单纯的自然属性，它是在自然属性基础上由松辽文化区域的经济、政治、思想、信仰等综合因素在松辽民众身上氤氲化生的既非理性，亦非本能，不需要借助理性和理智就能影响和控制人们的表达方式和实践方式的具有社会属性的东西。它从区域生活内部了无痕迹地约束着人们的日常生活方式和行为，使民众自发自为地产生某种态度和行为方式。这是因为，松辽区域文化生活的客观需要内化成了松辽民众的文化心理并成为区域内生活的个体性格的主轴。"松辽区域文化"性格的自发自为的功能，在文化实践中是可以被发现、提炼、利用、发挥建设性作用的。区域经济社会的发展，不仅需要竞争意识、创新精神，还需要民众普遍具有集体主义精神和法治意识。我们在区域和国家精神文明建设中有意识、有选择、有设计地培养和引导民众的文化性格特征，就一定会形成和谐的人际关系和良性竞争的社会风气，民众就会受到自身的内驱力的驱动，按照国家和社会的要求和崇尚的模式去实践。这样，"松辽区域文化"性格就会成为东北地区精神文明建设的不可限量的良性的社会潜能。

"松辽区域文化"性格其次具有同频共振、趋众定向的功能。"松辽区域文化"性格是一种"集体无意识"，它不仅反映着东北地区内生活着的个体主体的从众和趋同的心理，又体现着东北地区民众的心理定势和思维。它以其"见贤思齐"的社会约束效应，以其无法比拟的同化能力促使松辽个体主体依据区域文化性格所内蕴的价值指向去生存和生活。而个体主体的行动和行为在得到区域民众的承认的同时，其认同的心理需要也获得了满足。所以，我们营造松辽文化氛围的过程，其实也是提升松辽区域文化品位，彰显其文化特性，塑造其文化性格的过程。这种个体主体对区域文化性格的认同与区域文化性格对个体主体的价值引领的良性循环，又使松辽民众产生和强化集体心理定势，进而，把东北地区大多数民众的实践力量和创新力量引向共同愿景，为实现松辽地区经济社会的发展贡献合力。

"松辽区域文化"性格还有中介和引导功能。社会心理从层次上介于社会存在和社会意识之间，"松辽区域文化"性格作为东北地区社会心理的重要组成部分，是东北地区社会存在和社会意识相联系的中间环节。"松辽区域文化"性格作为比较浅层次和低水平的社会意识，它一方面是对松辽地区社会存在的比较原始和直接的反映及表现，处于自发自为并且无序和不明晰的状态，将这种未经加工的状态加以提炼，就一定会形成所需的社会普遍观念，并可以继续提升为区域所需要的社会意识。另一方面，"松辽区域文化"性格又受到较高层次的社会意识的影响和约束。在两者相互作用下形成的"松辽区域文化"性格，又会以自己的方式反过来对松辽地区的社会存在发挥巨大的能动作用。"松辽区域文化"性格的中介、连接和引导作用，在区域精神文明建设中应被重视、挖掘、培养和优化。

社会主义精神文明建设关乎国家前途命运和世界福祉。"松辽区域文化"性格乃至国家范围的国民性格的发现、培养、塑造和优化，都应在社会主义精神文明建设中占有非常重要的位置。诚如先哲们所言，"我们播种一种性格，就能收获与之相应的命运"；黑格尔也曾说过，民族性格可以推动一个民族的一切实践和前进方向。所以，对"松辽区域文化"性格的作用进行描述，在对众多文化区域的比较视野中更贴切、更真实、更具象地了解"松辽区域文化"性格乃至整个中国的国民性格，对我们更好地掌握民众更深层次的心理，具体情况具体分析地做好培养和教育工作，以及培育和优化国民性格，都具有非常重要的理论和现实意义。正如恩格斯所言，人是名副其实的社会动物，而且，还是只有在社会生活中才能彰显独立、实现独立的动物。同为与自然人相对的社会人，每个人都不会生活在孤独的自我意识和境遇中，也不会生活在抽象的、晦涩的、概念化的社会和孤立的群体中，而总是会在某个具体的、实存的文化区域内完成绝大部分的日常生活与社会行为。国民性格就是多种文化性格交流融合的产物，而且，也必须要通过丰富多彩的区域文化性格得到存在的确证和显现。

"松辽区域文化"的发现和凸显的需求之所以如此明显,原因在于全球化突飞猛进的态势导致了全球文化自我意识的普遍觉醒。区域文化的自我意识,是文化主体对自身的文化独特性的认识并试图在他者的冲击中维持和保护这种独特性的意识。关于"自我"的理解,黑格尔认为,因为每一个他人也仍然是一个自我,所以,当我们自己称自己为"我"时,我虽指的是我自己,但无疑我也同时言说了一个完全普遍的东西。每一个"我"的主体都同时既是个别性又是普遍性,是二者的辩证统一。从个别性来说,区域文化是作为独特的个体文化而存在的,这个作为个体性存在文化的是"小我",作为世界文化而存在的大区域文化则是"大我"。"小我"与"大我"或者说区域文化、中国文化和世界文化是文化的多种存在方式。由于作为"大我"的中国文化和世界文化具有明显的多层次性,因此,自我意识不仅对区域文化的"小我"有效,而且对中国文化和世界文化的"大我"同样有效。自我意识体现了现代性的特征和核心观念,也随着全球化席卷世界各个角落。在"自我意识"世界性播洒中,由于首先卷入和参加全球交往的是国家、地区等群体文化主体,所以,多极文化主体共时性和共在的实存状态从多个角度和层面又反向激发出了群体文化主体对各自所属国家或区域文化认同的强劲的渴望,这种愿望又促成和推动了捍卫各自文化独特性的动力和行动。因而,在文化场域中,国家或民族的文化群体主体意识的觉醒一定是先于个体主体意识的觉醒。

文化作为人的自由自觉的实践活动,必须要直面所处的自然环境和社会关系中的矛盾和问题,也必然会与文化主体的实践能力、价值标准、创新机制、手段方法等联系在一起。区域文化作为区域民众的自由自觉的活动,其本质、内容和形式不是凝固不变的,而是一个动态的、创造的过程。区域文化的文化个性必须要通过区域文化主体与地理环境、区域文化主体间的互动、认同、矛盾和统一的实践才能实现。人本来就是历史性、有局限的存在,人的文化活动也总是在具体的、历史的场景中完成，处在特定历史环境中的人固然是狭隘的、渺小的、有限的，但世界是慷慨的、无限的，因而，文化主体与世界的关系至少在理论上是无限的、多样的。也正因如此，文化主体才有了选择和创造的自由，才有了"为人的世界"的无限开放性和可能性，可以说，人类通过文化创造为人类自身拓展了超越有限性和实现"人之为人"的价值的广阔空间。因而，区域文化可持续发展的研究，要求研究者既要看到区域或民族心理的个别性，又要观照人类整体心灵的共性；既要看到区域或民族文化心理发展的特殊性，又要关注人类整体心灵历史发展的普遍性。人类尽管演化和衍生出许许多多各不相同的群体或集团，但毕竟都具有生物进化所赋予的人类生态的共性和一致性，都具有大致相同的身心结构、基本功能和基本欲求的同一性，都具有面对自然、社会和历史等现实的对象性关系时展开的实践的同一性，都具有既作为文化个体主体同时又作为文化类主体的存在物的同一性等，这些同一性决定了人类文化的相通或相见恨晚。同时，由于各种文化群体主体的生存条件的特殊性，又形成了文化心理的个性和特殊性差异，但这种个性和特殊性又绝不会游离于普遍性之外。

"松辽区域文化"是以从古沿袭或俗成至今的东北历史文化区域为研究对象，也必然要观照松辽地区独特的地理环境特征，必然要思考和研究这种区位的独特性造就了什么样的人与自然、人与历史、人与人、人与心灵的多重复杂关系，松辽地区的文化交流与传播有怎样的取舍和路径，松辽地区生活的人们有什么样的社会组织形式、经济状况、宗教信仰、思维方式、行为方式、文学艺术、价值判断和民俗禁忌，它们的流变有没有规律，区域内部的其他因素如何相互作用，时代的变迁如何作用于文化的变迁等等。有趣又耐人寻味的是：几乎所有的小溪都正急于奔向大海，而大海中的浪潮却正渴望重回大地。"地缘和区位"其实是根深蒂固的划分文化的界线，它不需要言说却深深地烙印在每个生活于其中的个体的身上，无论我们愿不愿意讲述，也不论我们意识没意识到，区位带来的文化影响都不能回避，同样，区

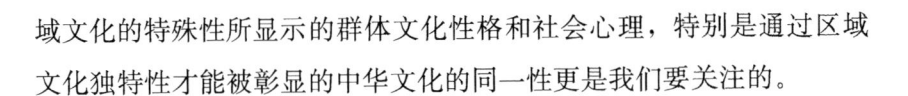

域文化的特殊性所显示的群体文化性格和社会心理,特别是通过区域文化独特性才能被彰显的中华文化的同一性更是我们要关注的。

三、用不断抬升的文化民生的"底线"刻度氤氲文化性格

民众是区域文化的需求者,也是区域文化和整个中华文明的文化提供者,让民众自我服务、自我教育、自我学习得以实现,关键在于建立扶持引导、共建共享的体制机制。推进公共文化领域供给侧改革,要整合资源和创新供给方式。要根据民众需求对公共文化场所和集中培训进行错开时段的供给。要加强对各类志愿者队伍的整合、管理和培训,提高志愿者文化服务技能。建构文体团队网推动群文活动覆盖面。还要延伸文化场馆等服务平台,满足更多人群、更加个性化和精准化的文化服务,实现文化服务有效供给。要把公共文化建设纳入各级各类发展规划中,纳入松辽地区省级科学发展的考核体系中,作为各级领导班子和领导干部的考核依据;公共文化配送不仅要围绕政府公转,还要以市、县两级配送的资源带动基层群众艺术素养的提升,要不断满足百姓日益增长的文化需要和文化期待,让公共文化反哺群众,营造更多城市公共文化空间;还要把握"互联网+公共文化服务"的时代特点和技术,建立区域文化人才数据库,时时更新、动态管理,使这个数据库成为区域+和行业+相结合的会聚人才、发挥文化智慧的更高平台,发挥集群优势。与此同时,镇街文化站、文化信息资源共享、广播电视村村通、农村电影放映、农家书屋五大文化惠民工程建设也要实现全覆盖,形成文化民生的良性自转,不断为《公共文化服务保障法(草案)》的实施通过鲜活的个案演绎,进而提炼出更多指导公共文化建设的普遍性的经验。

要以电影、戏剧等方式演绎"松辽区域文化"。笔者还记得小时候看过的一部叫《傲蕾·一兰》的影片,影片是17世纪中叶沙皇俄国入侵黑龙江流域左岸地区,在达斡尔族多音部落铁匠女儿傲蕾·一兰的

率领下，黑龙江各族人民誓死保卫国土的悲壮史诗。这部影片深深影响了几代人。今天，我们更要善于利用和巧借各种文化遗产和各种文化形式，来培育和提升松辽民众的文化性格。例如，巧借电影文化进行松辽区域文化的普及与民生相结合，利用电影的独特传播作用，激活松辽地区尘封的历史文化和记忆，重新绽放松辽区域的文化活力，激发民众的文化创意，包涵在服务业促进创意产品开发和其他创意服务业的发展。比如，全国人民都记忆深刻地讲述解放战争初期国民党军队在东北与我解放军对峙的《林海雪原》以及翻拍的电影《智取威虎山》；比如，京剧爱好者耳熟能详的穿林海、跨雪原、气冲霄汉的《迎来春色换人间》；比如，讲述东北白山黑水间的抗战故事的《绝地枪王第二部 松花江上的枪声》；比如，《赵尚志》《东北抗联》《赵一曼》等。要让松辽区域地方特色文化资源形成超级IP。2014年，吉林省戏曲剧院京剧团立足东北红色文化，在新中国成立65周年之际，创作出革命现实主义题材京剧《杨靖宇》，先后在第七届中国京剧艺术节、第十四届中国戏剧节和第十七届中国上海国际艺术节上进行演出，并特邀参加"南京大屠杀死难者国家公祭日"纪念演出，广受好评。特别是2014年《智取威虎山》的热映，充分发挥了电影的独特传播作用，黑龙江省牡丹江市威虎山的声名被迅速放大，原本沉寂的状态再度被激活，焕发出崭新的活力。电影大大开拓了牡丹江市的创意旅游，牡丹江旅游路线大热，威虎山更是一票难求；电影也促进了牡丹江市《智取威虎山》主题公园设计，如威虎山影视城、东北虎林园、七里地民俗生态村等，更促进了牡丹江市创意产品的开发，促进了牡丹江市创意服务业的发展。

可以参考中国电视报的《京华杂谈》专栏，借鉴《汉江》《故宫》等专题片的制作理念，更可以借鉴山东籍演员零片酬拍摄的电影《微尘》的精妙构思和行动力，利用松辽地区名人在文化界和演艺界的影响力以及实力，制作一部松辽籍明星零片酬出演的反映松辽区域文化实力的影视剧。因为，无论是影视剧本身，还是影视剧中所用到的服饰、道具、食物、音乐、建筑、艺术、舞蹈、台词、演员等，都承载着特定时代特定区域的文化内涵，影视剧艺术的特殊性会使这些充满松辽区域文化表象和内蕴的因子，去影响松辽区域乃至全国人民对"松辽区域文化"的认知。在坚守中华文化立场，弘扬区域优秀传统文化，增强区域文化的标识度等方面，进一步提炼区域文化的核心竞争力。

不断总结已经举办了三十几届的由国家文化部、哈尔滨市人民政府主办，哈尔滨市文化广电新闻出版局承办的"哈尔滨之夏音乐会"可推广的经验，进一步扩大群众文化活动的艺术魅力，依托群众艺术馆、区文化馆等经常性地开展广场展演活动，让公共文化服务为公众带来更大更多文化"获得感"。群众艺术馆也要围绕传统文化体验基地建设，助力激活区域特色文化，实现从自我娱乐到自我教育的转型，要充分认识发挥群众文化艺术自身活力对丰富群众文化生活的重要性。

多举办一些规模逐年增大、内容逐年丰富的、提升农村文化生活的、展现新农村文化建设的丰硕成果的农民文化节和群文活动。可以长期开展"共圆文化艺术梦""大地情深文化走基层""春雨工程文化志愿者边疆行""优质资源聚农村""乡村大舞台""中国伊春森林音乐会""冰雪天地 魅力东北"摄影展、"市民大舞台""方言文化大赛""红山原乡·文化之源""辽河流域曲艺学术交流展演""地方戏曲优秀剧目展演""讲述松辽故事""群星大课堂""松辽公益讲堂"、寻找"最美基层文化人""乡村春晚"等活动，把那些活跃在松辽大地田间地头、林海和雪原深处的，不计报酬、兢兢业业、执着坚守的松辽民间文化忠诚的守护者传承者、在文化富民之路上坚定的引导者、让群众文化乐享文化自觉的奉献者发掘出来也推介出去。大力开展公益性文化活动，市级群众艺术馆对接文化帮扶村，成立农民艺术团，促进文化志愿服务，将"送"文化与"种"文化有机结合，延伸公共文化服务的触角，建立长效文化帮扶机制，实行文化精准扶贫，实现文化共享普惠均等，激发蕴藏在群众中的文化创造力，提升民众的文化自觉。要实施区域文化品牌+系列活动,延伸公共文化服务的广度深度,实现全民参与。例如,吉林省连续四年扶持农村文化小广场特别是贫困县、少数民族县的建设。目前黑龙江省的文化大院有近三千个,辽宁省近一千五百个,吉林省近一万个。吉林省还把寻找最美家庭活动与中华民族传统节日结合起来,连续几年持续开展"科学教子""清廉养德""文明新风"等主题活动,并开展各类"最美家庭"评选活动;以遍布城乡的"妇女之家"为平台,开展议家风家训家规、讲家庭和谐故事、展家庭文明风采等活动;采用群众自荐、网络投票等多种方式,挖掘、宣传和展示普通人平凡生活中的"文化之美"。东北地区各省还利用冰雪资源推动群文活动并已凝练出品牌。冰雕大赛、雪雕大赛、冰上杂技等高端项目逐步推开,吉林国际雾凇冰雪节、长春冰雪旅游节、哈尔滨国际冰雪节、牡丹江国际冰雪节已成松辽地区文化节日,以此为依托的"冰雪+赏民俗"的冰上秧歌、舞蹈、二人转、舞龙舞狮、抽冰猴等体验的民俗活动也大大拓展了松辽文化旅游的内容和吸引力。黑龙江省因地制宜制定了多种"农村文艺人"培养机制和方式。近几年发现并培养的一万名文艺人发挥了创办和组织群文队伍作用。例如,铁力市工农乡农民宋亚平创办的秧歌队经常参加铁力市高水平比赛;甘南县兴隆乡兴鲜村村民李顺花编创的朝鲜族舞蹈《祝妈妈长寿》《扇子舞》等成为最受欢迎的广场舞;桦川县创办了"咱村也有文艺人"品牌。黑龙江省为农村文艺人创造了大量如广场之夏、秧歌会演等的展示平台和机会。农村文艺人为松辽地区大大丰富和提升了广大农民的精神文化生活和幸福指数。

  基层文化活动的风生水起,大大提升了普通民众对松辽区域文化的认同感,文化工作自觉服务全域也大大促进了松辽区域经济社会的发展。黑龙江省举办的农民文化节成果汇报展示活动,仅2016年的演出就动用了演职人员3.9万余人次,观众达30余万人次。从2008年开始,黑龙江省以"鼓励农民自办、社会各界参与、政府大力支持"的方式,积极开展农村文化大院建设工作。目前,农民自发建设文化大院两千多个，占全省行政村的四分之一，带动参与群众十五万人，创办各类各级群文品牌千余个，创排各类文艺节目五万多个，建成各类群文队伍三千多支。两届文化节，黑龙江省就涌现出省级农民群众文化品牌七十个、市级品牌两百多个、县级品牌近七百个，各类演出年均上万场次。农民社会群体文艺技能得到显著提升，群文活动不仅在北京、上海等取得良好效果，而且还在韩国、日本、俄罗斯等国家获得好评。

同时也可以运用多种艺术形式表现和推介"松辽区域文化"。作为东北二人转非物质文化遗产传承展示基地的平台，也满载着国家艺术基金对"地方戏走出去"的支持，吉林省戏曲剧院吉剧团《绿色二人转中国行》在2016年，用半年时间演遍了山东、浙江、北京等18省市，观众达3万人次。在省内又继续开展送戏下乡、文化惠民活动，把绿色二人转送进军营、学校和多个社区，所到之处掌声雷动；梨树县地方戏曲剧团虽只是家县级文艺院团，也没有专门的演出剧场，却已经在黑龙江、山东、江苏、福建、云南等十五个省进行过演出，剧团在"文化+"上发力，结合农业、科普、普法、社会主义核心价值观等内容排演剧目，还与四平铁路俱乐部、"北方巴厘岛"等携手开拓文化旅游市场，实现了经济效益和社会效益的完美结合。大连话剧团把握市场风向、找准发展脉络，以松辽地区传统文化、历史典故等为题材，巧妙地将文化融入到现代人的生活中，创排了多部"既能获奖又能走市场又'一票难求'"的剧目。特别是《西风烈》《一诺千金》和大连本土爆笑话剧《这里有情况》，更是走进北京、上海等省市。黑龙江省注重对历史文化资源重新审视、整理和再创造。话剧《风刮卜奎》是东北地区地域文化色彩格外浓烈的力作。作品把东北流人文化同整个松辽区地域现代发展的历史融为一体，使剧作的历史感和人文精神在松辽地域文明的发展脉络中交相辉映。《恩都力·乌拉》艺术地再现了赫哲、鄂伦春、达斡尔、鄂温克等少数民族的生活场景和文化精神。史诗巨作《大荒涅槃》描述了新中国的农垦事业；黑龙江省京剧院精心创作的大型新编历史京剧《靺鞨春秋》等，表明黑土戏剧的蓬勃阶段已经来临。松辽地区悠久深厚的历史文化内涵与绿色、时尚相结合的探索，使得白山黑水文化一再获得表现、重生和认可。

第八章

把文化普及放在与文化创新同等重要的位置

第八章　把文化普及放在与文化创新同等重要的位置

文化创新和文化普及是实现区域文化可持续发展的两翼，要把文化普及放在与文化创新同等重要的位置。区域文化的发展需要把学术研究与文化普及相映相谐。要打通区域文化教育进入课堂的通道，加强教育主管部门和文化服务部门之间的沟通与协调，尽快破除体制机制障碍，将丰富的文化知识、文化活动和优质文化资源全域共享。

一、用区域历史文化的往古之梦激发年轻一代的热情

在历史被"深度削平"的当代，在年轻一代中实现区域文化的传承和创新，实非易事，需要做大量奠基性、铺垫性、基础性的工作，这其实是所有区域文化的传承发展都面临的困境。多年来，东北地区相关部门通过编写乡土教材、开设校本课等形式，向青少年宣传和普及东北地区的历史文化知识，取得了一定成效。而区域文化的宣传、普及、认知和认同，不仅需要有专家学者、专职文化工作人员、文化服务志愿者的努力，更有赖于一代又一代的年轻人的热情和参与。他山之石，可以攻玉。在区域文化的普及方面，我们可以借鉴四川省古籍保护工作的经验，他们探索和实施的图书馆、博物馆和属地高校的跨系统联动的模式不失为有价值有实效的机制；也可以借鉴青岛市文化馆的经验，他们打造的"1+N"服务模式升级版，开创了区域文化自信的新局面；也可以总结和尝试在各级各类教学体系中，根据课程

情况设置"本土人文历史"的认知和演绎环节，通过让大、中、小学生实地寻访、查阅文献、参观博物馆、参观遗址、请教非遗传承人、请教学者专家等形式，增加对区域人文历史知识的学习兴趣，挖掘每一个知识点背后的精彩故事，描述和对外讲好这些精彩的区域文化故事，进而，让他们愿意进行探悬索隐，把对区域文化的深入研究从浓厚的兴趣变成毕生的追求和实践。我们相信，课业实践经历所带来的参与感、使命感和成就感，一定能够去除文化的传承者与区域历史文化之间的疏离感，用区域历史文化的往古之梦，增强年轻人渴望了解松辽地区本土人文历史并积极投身其中的热情。

要认真落实让文化资源"活起来"的讲话精神，尽最大可能地激活松辽地区文化文物馆藏资源、文化遗址资源，让它们向现实的教育生产力和文化生产力靠近，要用更具想象力的思维让文化文物单位和体制外的社会力量有效率地衔接，把资源原创成松辽地区更具符号价值和经济价值的文创产品；多学习其他领域的创造和管理经验，开发与推广并重，让松辽地区的优秀传统文化在现代依然焕发无限生机，依然是文化创新创造的泉源；如孔子毕生追求的目标和做法：一方面要把资源变成发展经济的手段，大力发展区域经济，另一方面也要大力发展和培育文化人口。让文化成为经济发展的新动力新引擎，让每个人都成为文化自觉的存在。实现这两个目标，最重要的手段和途径就是要进行文化的普及和教化。而文化普及首先就要提升所有各级各类博物馆的公共服务能力，最大化地覆盖和扩大受教人群，在文化普及坚固的地基上不断实现服务机制和手段的创新。

文化映射的是历史的天空、是人的个体和群体的命运，是日常生活的悲欢离合；文化研究是费脑力更费情感的工作。我们若要走近文化，就必须先被它感动，先对它深信不疑，先对它有深切的认同感，也必须加倍地投入情感和爱，被这些负责的情感演绎出的文化才有可能动人，才有可能感人肺腑。文化研究同样也是悲悯的、敏锐的、忧伤的、精致的甚至是细微的，区域文化就是存在人们生活里的甚至不能言说的感觉，它时而调皮时而深情。只有感觉到、体验到、神会到它这种特有的感觉的研究者，才能接近这种文化的本真。而我们，确实一直都特别缺乏将民族的苦难升华为民族史诗的格局、情怀和能力，也特别缺乏文化批判的能力，缺乏文化价值的反思和思辨能力，或者说，我们还没能从国家、民族经历的苦难历程中升华出文化史诗。在"十三五"规划开局之年，黑龙江省重点推进了公共文化、文博、非遗传承、艺术教育和创作、文化产业等文化民生比重大、边际效益强、覆盖面广、影响力大、有实质推动能力的工程和项目。

2016年，黑龙江省博物馆动员近两百家公立和民办博物馆以不同形式打造多个特展；省域各级文化单位都制作多个展板宣传所在博物馆的发展历史和藏品的历史，也都走出博物馆走上街头发放宣传材料，实现了从移动中的博物馆与生活中的博物馆到百姓中的博物馆的切换，在大街小巷宣讲和普及有关博物馆的常识。据统计，在"国际博物馆日"，黑龙江省打造了近一百五十个专题展，制作宣传板两千三百余块，发放宣传单近百万张，受教群众达百万人。

此外，还加强硬件措施的建设，建成了省博物馆新馆，以文化惠民工程为依托，地市级"三馆"和县级"两馆"建设基本达标，基层综合文化服务中心和公共数字文化服务网络基本覆盖全省。同时，黑龙江省博物馆还将素有"北国马王堆"美誉的金代齐国王墓藏品进行重新整理，推出了《黑龙江省博物馆藏钱币精选》等十五套精品图书，推出了共五十二卷的《邓散木全集》，推出了目前存量非常稀少并且有着巨大的历史价值和学术研究意义的珍贵藏品——《中东铁路大画册》等。可以说，黑龙江省博物馆的藏封诰展、钱币展、兵器特展、碑帖特展等都在发挥着它们最大的教育、宣传和文化普及的功效和价值。在这些特展之外，博物馆还常态化地开展非物质文化遗产走基层系列展演活动，在持续开展多年的展演中，那些极具东北标识和符号意义的东北鼓乐、评剧、京剧、木偶戏、二人转、相声等国家级、省级非遗项目频频亮相在百姓生活中，它们别样妥帖地传递文化信息的方式，在文化普及的同时，也让松辽地区的非遗所具有的符号化的表达能力得到提升。

  黑龙江省还以推进文化与旅游融合的项目建设为抓手和突破口，在中国北方冰雪故乡推出了大型冰雪实地实景演出《一场雪·一万年》。演出发挥国有演艺院团优势，连续多年在哈尔滨市举办历时整年、区域特色鲜明的系列驻场演出；活动也督促和激发了区域内重点旅游城市和旅游景区的各类优质特色驻场演出项目的创造和培育，文化旅游产业发展获得了质量提升的内生动力和外在助力。松辽地区还需要打造一批注重将松辽区域传统文化进行创造性转化、创新性发展的"以古人之规矩，开自己之生面"的区域文化代表性作品。可以继续为《记住乡愁》《爱上中国》《中国村落》《乡土》《乡约》《乡村振兴》《舌尖上的中国》《文明之旅》《中国记忆》《江山多娇》《国家记忆》《国宝档案》《走遍中国》等栏目提供展现松辽地区优美和谐的传统村落、展现东北地区独特地质条件和优越的生态环境、展现松辽地区丰富多彩的民风民俗、展现松辽地区凝聚着中华民族智慧和传统文化的国宝文物、展现松辽地区独具特色的风土人情、展现松辽地区自然与人文地理中的民族特色与区域特色、展现作为我国纬度最高的省份的北大荒的沧海桑田的变化、展现松辽地区海纳百川的交流与融合、展现东北地区在国家各个时期突出的历史贡献、展现松辽地区深沉丰厚的文化积淀、展现"松辽区域文化"对中华文明的贡献和现代价值的好素材，让松辽地区难以磨灭的乡愁，让悠远岁月中滋养着松辽人民的这方水土，让留下一个又一个动人故事且从未远离的松辽传统文化，在民间得到传承和发扬，以创新的形式"活"在当下；让这一大批专题纪录片，继续讲好区域发展中的中国故事，传递区域发展中的中国声音，记录文化中国行进中的精彩。

近几年，辽宁省博物馆设立了"5·18国际博物馆日"和"辽宁千年文脉"等多个专题展区，向公众宣传博物馆及馆藏文物的相关知识，展示第一次全国可移动文物普查工作的成果。辽宁省博物馆还开展了送展览进社区活动，把多项展览送进附近社区。"辽博讲堂"推出多场历史文化讲座。近年来，辽宁省文物考古研究所积极与国内外文博单位交流合作，联合举办了"三燕文化考古新发现展"（日本奈良文化财研究所）、"辽宁青铜文化展"（韩国京畿道博物馆）、"红山文化玉器展"（良渚博物馆）、"古代中国展"（国家博物馆）、"见证辉煌展"（首都博物馆）、"秦汉罗马展"（中国文物交流中心）等许多大型文物展览；沈阳造币博物馆则展示了自近代以来跨越三个世纪的我国造币业发展历程，体现了中华钱币文化的丰厚底蕴和中国造币的精湛技术；而红山文化的发源地牛河梁遗址，更向世界展示和推介了"东方文明的新曙光"。辽宁"丹东一号"清代沉船遗址，更是甲午海战史和世界海军舰艇史所需要的珍贵的考古实物资料。黑龙江省博物馆推出的是中国首家俄侨博物馆，全面立体展现了哈尔滨历史的某个特殊时期，为"松辽区域文化"增添了又一个标识，展览一经推出，便得到俄罗斯和我国社会各界的广泛好评和欢迎。这些讲座、展览和展演在取得了良好社会效益的同时，增强了受众对松辽地区历史文化探究的热情。

还应在打造松辽地区精品艺术、做好重点文物保护工作上下功夫。要大力推进国家级非遗代表性传承人抢救性记录工程，大力推进生态保护实验区、保护传承示范基地建设，也要大力推进传统工艺振兴计划的深入。例如，为展现东北地域文化特色，激发松辽传统工艺及文化产业创新活力，吉林省启动了"传统工艺及现代文化创意产品设计"大赛，以比赛的形式遴选出最能代表吉林符号、吉林特质的优秀作品和项目，用集体智慧探索文化企业与金融机构融合的模式，用健全的体制机制凝练和培育吉林省文化产业知名品牌。

吉林省博物院更是做一百多个博物馆联动，举行近三百项丰富多彩的活动。如，吉林省文物局与延边朝鲜族自治州政府共同举办了省域博物馆联动主会场活动，包括主题展览——"文化延边"等活动。同时，吉林省博物院试开放的新馆还推出了"汉代佛像展""吉林省院藏精品陶瓷展"等展览，为当地百姓进行了本土文化普及。与此同时，东北各省各级博物馆都邀请了文物鉴定专家为群众免费鉴宝。吉林省博物院还针对中小学生开展丰富多彩的主题教育活动，奇趣博览大课堂、流动展览和模拟考古工地成为教育的重要形式。吉林省博物院还成为全国首批博物馆青少年教育项目试点单位。学生亲身参与讲解以及深入挖掘展品背后的故事并进行自编自演，以乡镇为单位的民众作为主体参与的挖掘松辽地区具有代表性、标志性的民间文化的"一乡一品"创建活动，让更多民众加深了对松辽地区历史人文知识和民俗传统的了解。"博物馆与文化景观"、《文化力量·民间精彩》、"第二课堂""龙博剧社""感受大师"等文化活动，让公众深深浸润在古今汇通、丰富多彩的区域文化氛围。

探索文化惠民新模式。2015年，国家公共文化服务体系示范区（项目）创建城市区域文化联动东北片区经验交流会议后，东北地区相关城市建立了公共文化服务体系建设合作联盟，推动了区域间优秀公共文化资源共建共享。作为我国唯一的朝鲜族自治州，近年来，吉林省延边以创建国家公共文化服务体系示范区为历史性机遇，在公共文化服务的硬件设施建设，公共文化服务的追求目标，公共文化服务的内涵，服务的手段、落实和保障方面都有实质性进展。在祖国这片四万余平方公里的边疆，用文化守边和固边，用文化来拓展扶贫空间，在文化民生上实现均等普惠，用文化精神的辐射，用文化供给侧的政策保障，把文化典型的带动作用和群文队伍建设等构建成文化普及与宣教的连锁链条，把区域公共文化服务谱成了一首壮美诗篇。特别是取得了重大进展的延吉龙山恐龙化石保护性发掘工作，更是再次刷新了东北文化在中国文化源头和世界历史进程中的意义。

当前，还需要进一步打造和提升松辽地区的博物馆联盟。因为，实现博物馆的宣教、收藏、科研、展览和服务五位一体功能的共赢，需要以博物馆联盟的形式对非物质文化遗产进行保护，也需要在展览中创造性地重建一种嵌入性的公共文化，实现松辽地区的非物质文化遗产在当代的传承。要在重大历史文化符号上做功课，加大博物馆免费开放力度来拓展宣教功能，大力提升展陈的思想内容，提升博物馆讲解员的讲解能力，也要大大提升工作人员的服务、宣教意识和崇高的使命感和荣誉感；还可以借鉴绍兴模式和敦煌模式，建设数字化场馆，让博物馆、文化馆本身也拥有可持续发展的能力。依托区域历史优势，还要加强对革命文物的保护利用。松辽地区革命历史文化丰富、深厚且独具特色。2015年，长春伪满皇宫博物院、辽宁阜新万人坑死难矿工纪念馆、九一八历史博物馆、侵华日军第七三一部队遗址、亮子河抗联密营、辽源矿工墓陈列馆等东北三省一百多家抗战遗迹管理单位建立了"东北抗战遗迹联盟"。联盟通过加强跨省、跨单位的合作，通过对抗战遗迹资源的集群化管理，整合优势，让文物的社会效益最大化，形成主线明显、特色突出的遗址宣教体系，并在遗址本体、环境景观和合理开发之间找到平衡，提升了东北地区抗战遗迹的保护和利用水平。各级各类博物馆不仅仅是社会公共文化设施，更是保存并记忆松辽地区历史文化的重要机构。东北三省利用博物馆全国可移动文物普查的契机，依托松辽地区各大专院校和科研院所的师资力量，以博物馆的工作人员、各大高校教师为主体，完成了对各类古籍善本、中文文献、外文文献等百万件藏品的俄语、日语、英语、波兰语、法语、德语等语种的规范翻译工作。这些克服藏品数量庞大、保存现状不一、涉及语种多样等重重困难的文物普查的过程，是对典籍中的精彩故事和文化精粹的整理并引导人们从中汲取历史智慧的过程，亦是"松辽区域文化"一次又一次重生的过程，是所有参与者受到本土文化再教育的过程，更是松辽民众对习焉不察的日常生活的文化觉醒的过程。

拓展东北话作为松辽地区"地域神味"的影响力。方言是社会生活的一部分，与所在地域密切相关。方言不仅是承载特定区域社会生活信息的工具，而且还是负载区域情感文化的纽带，具有浓厚地域文化色彩的方言，还是当地文化认同的重要载体。东北话在一定意义上作为语言的一种形式，也反过来作用于它所承载的生活世界的内容。它来自于生活，也记录了生活，反映了生活，表达了生活，更灵动、灵巧地反映了它所属的文化，并且在不同经典不同民族文化的转译过程中呈现出精彩的样板，起到了防止和最大限度地降低"库恩损失"的作用，就如翻译家汝龙，在他翻译契诃夫的作品时，时不时地就用东北话的方式和格式来活灵活现地演绎台词，那语词、那味道和神态活脱脱就是一个个东北人，在他笔下，契诃夫和东北话同时获得了形神兼具的生命力和魅力。东北话作为文化的形式，承载的是东北地区人民的历史、生活、情感，承载的是东北人的风土人情、历史风物和文化生活。每个国家的公民都有权利要求内部的文化多样性，有权利要求保存和延续这种多姿多彩的文化。东北话作为文化心理认同的重要符号，对于松辽区域文化发展和情感融合具有积极意义。由于东北话中包含浓厚的松辽区域文化底蕴，而且东北话研究与音韵学、训诂学等学术研究具有不可分割的联系，因此，东北话对于传承传统民族文化的重要性不言而喻。东北话简洁、生动、诙谐、幽默，富于节奏感，这与东北这方黑土地养育的东北人豁达、豪放、直率和幽默的性格是分不开的，同时东北话也借鉴了其他地区精华语言的要素。正如余秋雨先生在《流放者的土地》一书中所描述的那样，在明代就有比较有文化有官阶被贬官的一些人被流放到东北，这些具有较高文化层次的流人把他们各自所属的较先进、发达开放的区域文化或者是主流文明带给了东北地区，为这片较为蛮荒未经开发的白山黑水带来了文化的冲击、交流和文化的启蒙。流人流民与东北地区的土著居民相遇相知相融，衍生出新型的东北土著和东北土著文化。近代以来，几次大规模的闯关东移民狂潮，加上新中国垦荒，又形成了更为复杂的东北地域文化，也给东北话注入了更多新活力。近些年来，东北小品在多次成为春晚小品的同时，也成为中国人年俗的一部分，这种更大范围和更高平台的推广,也带动了东北话热的席卷,更推动了东北地域文化的厚积薄发。

成立突出地域特色、民族特色以及文化与科技相融合的松辽地区文化馆联盟,积极承办行业年会,配套举办"大美松辽"国际民间艺术节、松辽地区少数民族文艺展演、东北毗邻地区文化交流周等系列活动。进一步深化"中俄边境文化走廊艺术节"的实现形式,发挥东北地区众多边境城市对俄文化交流的积极性和优势,继续整合利用俄罗斯文化元素,尝试在中俄边境打造对应城市共同开展活动的文化交流走廊。

二、充分发挥非物质文化遗产的文化"载道"和教化功能

要将包含松辽区域特有的文化和历史的、丰富多彩的东北民间工艺技艺、作为区域文化宣传普及和认知认同的载体,在具有生产性质的实践过程中,把传统技艺、传统美术和传统医药等非遗以保持非物质文化遗产的真实性、整体性和传承性为核心,以有效传承非物质文化遗产技艺为前提,借助生产、流通、销售等手段,将非物质文化遗产及其资源转化为文化产品。

充分发挥松辽地区非物质文化遗产的文化"载道"和教化功能;挖掘和梳理松辽地区的文化符号,让这些彰显区域特征的文化符号成为东北地区各城市规划与建设中的影响因素,让带有区域文化标识的民间传统工艺的科技价值、人文价值、历史价值、艺术价值、经济价值、文化价值等得到保护性利用,让传统科技文化的活化石所蕴含的区域文化发展所需要的极具特色的区域科技文化基因,转化成宝贵的现代民族科技文化;把松辽地区的文化遗产和松辽地区经济社会的发展、人民物质文化生活水平的提高、生态环境的改善结合起来。进而,在转化为现实价值的同时又被有效地保护、传承、发展和创新。

非物质文化遗产保护性利用成为重构松辽地区公共文化的重要方

式，是因为，非物质文化遗产本身就是松辽传统社会中的公共文化；而且，当前恢复松辽地区非物质文化遗产作为公共文化的源头，亦是世界文化多样性、全球文化参与与文化共享的必然要求。将松辽地区面临传承危机的非物质文化遗产进行保护，需要通过多种多样的方式方法为正在遗失的文化遗产重新营造自然的能够活态传承的空间，作为松辽地区非物质文化遗产的民俗、民间工艺技艺、体育与竞技、岁时节令和人生礼俗等公共文化，在当下松辽民众的日常生活中需要重新定位。经济"新常态"下，产业结构的新调整为文化产业发展提供了重大机遇，民众的文化消费需求将迎来更多层次、更多维度的释放，"文化+"成为这种融合发展的显著标志，文化服务的内容、手段、思路、格局都将发生显著变化。因此，可以采取多种形式和模式，如国助民办模式、合作联办模式等运营博物馆；还可以依托松辽地区多个非物质文化遗产保护中心，各级各类专家学者、调研员、志愿服务者，非物质文化遗产生态村、非物质文化遗产博览园、非物质文化遗产博物馆、非物质文化遗产演出团体等创新平台，进一步探索文旅融合的机制和模式，要认真研究市场规律，脚踏实地地用文化产业化的思维来经营，以传统工艺为支点，扩大文化产业版图，实现保护中的利用和传承，让文化遗产助力"松辽区域文化"的可持续发展。

三、优化"松辽区域文化"的宣传手段、内容和平台

要加强"松辽区域文化"的国际传播能力建设，增强传播的创造力、感召力和公信力，讲好松辽故事，提升国际文化形象，助推松辽区域文化的国际影响力和世界文化格局中的地位。要推动"松辽区域文化"的表达方式和传播方法的创新，倾力打造一批融通中外的"松辽区域文化"的新概念、新范畴和新表述，运用国内外人民都喜闻乐见的文艺形式和表述方式传播松辽区域文化。

要优化《发现东北》和《发现松辽》大型电视节目来作为区域文

化走出去战略重要平台；要把客观全面地反映东北地区实施振兴战略以来发生的变化和成就的《振兴东北》纪录片进行更大范围的宣传和推介，让世人都能了解东北20世纪20年代就已经成为中国最发达和最富裕的区域；在伪满洲国统治结束后，东北已成为当时世界最发达的工业化地区之一。也要大力推介八集大型文献纪录片《东北抗联》；还要大力推介由中国、美国、日本等国内外多个专家学者把关，近五十位历史亲历者和见证人作证，填补了我国抗战题材纪录片的空白的大型历史文献纪录片《铁蹄下的东北》；还有，大型系列纪录片《伟大的贡献》的第二集《暗夜星火》：讲述了日本关东军如何阴谋策划了九一八事变，拉开了中日战争和第二次世界大战的序幕。在国家危亡时刻，亿万中华儿女在孤立的国际环境下，艰难但坚定地举起了抗日救国的大旗；在白山黑水之间，东北义勇军浴血奋战。还要把由赤峰、通辽、沈阳、营口等八个城市精心打造的大型电视系列片《情系辽河》，通辽电视台制作的历史文献纪录片《百年沧桑话通辽》进行推介。

更要把全景式呈现黑龙江流域文明波澜壮阔的历史画卷及其重要地位的人文历史纪录片《龙之江》进行国内外的推介。在中华文明多元一体的格局中，松花江辽河领域文明已被公认是中华文明源头之一。松辽地区不仅有白山黑水文化、多民族文化、边疆文化、冰雪文化、革命与建设文化，还承载着一种面向东北亚的特定文化指向。《龙之江》全方位诠释了"松辽区域文化"伟大而坚韧、壮烈而悲怆、沉重而神秘的文化性格和文化品格，特别是《白山黑水》讲述了黑龙江流域独有的民族气质和生活方式。《最后的部落》通过对赫哲、鄂伦春、达斡尔三个少数民族当前生活状态的纪录，展现松辽地区多民族特征以及在现代转型中的痛点。要有更多的松辽人加入以《幸福账单》《传承者》等形式为载体的文化传播行动中来；把《吉林日报·东北风》周刊进一步做大做优，把对家乡文化的眷恋和憧憬与更多的人分享；在《吉林日报》《辽宁日报》《黑龙江日报》中开设《松辽杂谈》等版面，以东北地区人民生活中的器物为载体，发现那些器物背后的故事，通过这些故事展示东北地区人民生活的变迁，探讨松辽人的精神风貌；在广播和电视节目中增设极具松辽地域文化特点的人文社科类节目《最东北》等，把松辽人民"勇敢与鲁莽共生，开放与保守共存"的文化性格与"兼容性、包容性、开放性"的文化特性真实呈现；开设"文化松辽·百姓讲堂"，通过邀请松辽文化学者、艺术专家、非遗传承人等多方人士讲述老百姓身边的人和事，让松辽人民了解松辽地区的社会历史、人文趣事和风土人情。扩展"北方文明讲坛"系列，深化对西辽河流域游牧文化的考古学渊源、契丹游牧文化的整体特征、汉代鲜卑的考古学发现、蒙古族游牧文化的起源及其演变、北元政权与北方地区的风俗文化等的研究。依托《中国社会科学报》等各类媒体，渐次和深入开展"东北史理论问题"笔谈。

松辽区域所属城市要利用好《魅力中国城》等搭建的文旅产业发展的高端平台，在积极展示、宣传、推介自身城市历史文化的魅力的同时，也尽可能多地赢得和获取国家智库、人才、资本等方面的支持；要努力发掘城市自身的文化底蕴、对所属区域的文化的贡献、对中华文化的贡献，更好地、更精准地从所属区域的城市角度提炼好和讲好中国故事。不仅要探索"文化+旅游+城市+"深度融合的机制，更要用富有讲述力和感染力的城市文化来带动其他工作，将文创产业作为城市功能提升的战略支点，用文化生产力促进城市转型升级，实现新时代城市发展目标。

同时要提升"松辽区域文化"在《江山多娇》《国家记忆》栏目中的文化底蕴和文化魅力。东北地区电视台应联合举办以"厉害了我的东北"为主题的纪录片征集活动。纪录片可以采用内容众筹这一创作手段进行制作，形式可以是视频，也可以是图片和文字，还可以是围绕主题的想法和感受形成的文字，或一段话。纪录片拍摄的目的在于全方位展现东北地区老百姓自豪感、荣誉感和获得感，展现大美松辽，大爱中国。通过这种众筹内容的方式让更多的民众参与到创作中，更了解身边的松辽大美，更多地发现松辽文化并普及松辽文化，认同松辽文化，推介松辽文化，爱她的历史和今天，真切感受她的文化之美，去传播她的大美。讲好松辽文化大美的故事，让松辽文化的大美为中华民族的伟大复兴做出更大的贡献。

中华文明绵延不绝，得益于多种区域文化海纳百川的交流与融合。作为我国纬度最高的区域，松辽地区不仅有地形地貌、景色景观的独特性，不仅有大庆油田和东北三宝，还不仅有独特地质条件和优越的生态环境，也还不仅有冰雪旅游、红色旅游、边境旅游，更有突出的历史贡献和刚健自强的区域文化。区域的未来不仅仅是经济学意义上的富足和昌盛，还是文化上的输出和对话，只有这样，才有可能为世界提供更为重要的文化参照系。以黑龙江省哈尔滨市为例，哈尔滨市1979年与日本新潟市建立友好城市关系以来，构建了"哈尔滨、新潟、哈巴三城市国际环保合作会议"等跨国合作平台，文化展览、旅游推介等领域的互动交流和务实合作成果丰硕，堪称国际友城典范。"松辽区域文化"的发展，还要充分利用"一带一路"倡议的机遇和红利，获得更多的国际文化事务知情权，获得国际文化活动参与权，获得国际文化资源利用权。

在关于东北地区未来十年的发展目标的回应中，"建设质实贞刚的松辽区域文化"认同度最高，体现出松辽民众对东北地区文化魅力、文化民生的关注，对松辽地区文化认同和文化自信的渴望。松辽文化话语体系的构建，涉及东北地区诸多方面和多元主体，要以松辽传统文化为基底，以文化市场为着力点，以文化氛围营造为支撑，以松辽文化故事传播为亮色，依托松辽地区的演艺、影视、娱乐、动漫、互联网等市场资源，扩大松辽话语体系影响力。文化生产力的发现和跃升，一定会让我们的文化产业在降低就业人口的同时，总产值成倍上升，就能用更少的投入创造更多的产值，并撬动多倍的社会资本。东北三省文化厅要制定区域文化推广战略，开拓国际市场，在国际市场引领并推广松辽文化；要多与文化部对外文化联络局沟通，依托各省文化研究机构和东北地区多个大学积极承办"世界青年中国文化研修计划"。可以围绕"中国东北部文化的结构和特征""东北少数民族多元化的历史与现状""丝绸之路重建与中国国际责任的构建""东北三省在'一带一路'中的地位及作用"等进行研讨和交流,让更多来自东北亚、中亚和世界各地的中国文化的研究者通过我们的"主场外交",对"松辽区域文化"、对其他区域文化、对中国文化、对复兴之路上的中国有更客观、更深刻的认知。

第九章

文化认同与文化自信互构共生

第九章　文化认同与文化自信互构共生

文化的力量和价值在 2030 年可持续发展议程中正日益受到重视和凸显，文化作为发展的新极将更有力地推动全球其他各项目标的实现，而且，这种作用会在人类更高发展阶段的新起点上的反思与实践中更好地促进人类社会的大发展。抓住文化可持续发展的"最大的机遇"，挖掘"松辽区域文化最大的潜力"，让松辽地区的民众拥有更多的获得感，我们一定能在更深沉的文化自信中，实现中华民族的伟大复兴。

一、让有理论基础的认知坚定文化认同和自信

认知是认同的前提，有理论基础的文化更有自信的底气。文化自信，一方面要摒弃"熟悉之处无美景、生活在别处"的"文化虚无与文化沙漠主义"，另一方面更要摒弃"众人皆醉我独醒、孤芳自赏、精神洁癖的文化清高和文化沙文主义"。在中国五千年的文明史中，东北地区的契丹、女真、蒙古等民族对中华民族的形成和发展、对国家的繁荣和昌盛贡献卓著。振兴东北老工业基地，必须先振奋东北地区人民的文化自信和创业精神。在我们的调研中，受访者最初的时候都无一例外地非常惊讶于自己的家乡还有特色文化；然后慢慢地都能够主动去上网搜索家乡文化的百度百科；进而，能够关注对家乡所属区域文化的各类旅游宣传片，如《大美龙江》《大美辽宁》《大美吉林》《大美江西》《大美山东》《大美青海》《大美贵州》《大美丽江》等；在不断的启蒙中，所有受访者还能够进一步梳理区域文化的历史、内涵、其有别于其他文化的特质，还就各自所属的区域文化在中华文化中的定位，并在全球化背景下如何实现区域文化、民族文化及中国文化的

可持续发展进行思考和探索。与此同时，对各自所属区域文化的叙述方式也从只停留在描述和感性层面，一步步地深入到对文化心理、文化性格、文化的五重对象性关系、文化结构、文化功能、文化变迁与转型、文化的现代价值、区域文化与中华文明和世界文明的多重关系、全球化背景下的可持续发展等问题的反思。

  区域文化研究也可以说是在中华文明和世界文明中对某一种地域文化的精细和精准的研究。对于文化研究来说，聚焦的单位越小，就越有可能精确地看到它的细节，也就越能让区域自身确切了解自身文化的状况和张力，进而，感受发展职责的压力。而且，聚焦的目标和对象越小，就能越快地了解它发展和改进的结果，发展中存在的突出问题也越容易被快速发现和处理，不至于造成连锁的负面效果。在一定意义上，这种聚焦小目标、快速发现问题、准确量化和细化问题、及时反馈的手法，可以称为"可视化的文化研究"。在当前区域文化研究快速发展期，所有区域文化的研究者都必须明白：我们的区域文化发展想要达成什么目标，我们需要怎样衡量这种目标？文化研究中的"可视化"无疑是比较简便、易行并且有成效的。

  多年来对区域文化可持续发展的持续关注和宣传，让我们见证了受访者的内心世界越来越柔软和深沉，也让我们所有课题组成员和受访者都越来越明了：我们每一个人都是这种文化的剧中人和书写者，我们每一个人都可能成为这种文化的一个重要的文化因子，也可能是这种文化的代言人，为它做最深情的辩护，为它做最认真的思考，为它在家国中的定位进行设计，为它的可持续发展献上我们所有的努力，这是每一个文化中生存的个体的使命和幸福。

  更多基于区域文化的认同感与归属感，让我们既能更坦然地面对区域文化发展的历史，也能以平等和尊重的目光看待他者的文化，在文化自信中汲取民族复兴的不竭动力。课题希望通过对区域文化可持续发展个案的分析和比较，提炼出更多区域文化发展的普遍性的结论。

二、区域文化可持续发展的个性演绎

无论是整个人类文明发展的历史,还是民族国家的文明史,都是多元、多主体际向度的文化交流与交往赋予了不同文化体鲜活的生命力和张力;而与文化体的生长和交融相伴随的,则是所有文明在迫切寻找着相似的主题,并在对彼此的认识和观照中、在更大更全局的定位和判断中,更清晰地认识自己的文化、丰富自己的文化、加深对自己文化的认同。新时代,文化的多样性更是推动不同文明、不同文化主体不断变革和创新的力量。形成区域间、民族间、国家间文化的持续性的深入交流和互动机制,将为区域文化的可持续发展在文化主体际向度的深入理解、丰富和创新等方面提供保障。

不谋全局亦不足谋一域。调研不仅针对松辽区域文化,也特别就其他区域文化的可持续发展情况进行了专题调研。受访者对各自所属区域文化如何实现可持续发展进行了多样的描述,归纳起来,中原文化、三晋文化、齐鲁文化、燕赵文化、塞北文化等区域文化的发展被关注最多。这些思考对不同区域文化所具有的价值和资源进行了批判性解释和创造性转化,为松辽区域文化、整个中国文化乃至全球文明的可持续发展提供了视点。课题组将所获取的区域文化个案的可持续发展规划又做了一次归纳,根据中国区域文化次一级文化区系的划分方法,把它们分为中原文化区系、北方文化区系、南方文化区系、青藏高原区系四个大文化区系,力求为中国文化的区域实践和区域文化协同发展提供视点。

(一) 中原文化区系可持续发展的个性演绎

根据四大空间地域进行次一级区域文化划分出来的中原文化区系是中华文明的起源地和文化摇篮。这个区系从西向东呈扇状展开,其中包括著名的"北京人"的发源地。中原文化区系的子文化系统包括中原文化、燕赵文化、北京文化、齐鲁文化、三晋文化和关中文化。

这些文化子系相互交融，有着协同的共性，又有着独特的个性，在悠悠几千年的历史长河中相互碰撞，相互交流，共同成长。

中原文化是中原文化区系中的中心，中原文化在中华文明五千年的历史进程中一直占据着中心、正统地位并起主导作用。因为长期受道家和儒家思想的影响，也使中原文化形成了一种传统保守，忠厚本分的个性。在中国经济重心向南方沿海发达地区迁移并飞速发展的新时代，中原文化古朴自守的个性在一定程度上制约着区域文化的创新，而创新能力也正是中原文化可持续发展的动力。因此，中原文化可持续发展的出路在于培育创新驱动力。第一，吸收并传承中原优秀传统文化中的元素。一方面，要明确政府及相关部门的责任，加强地方政府和主管文化遗产单位通力合作，责任到人，工作下沉，有计划、有秩序地实现文化遗产的保护。同时要保护民间传统技艺的手工艺者，大力发展非遗人才的培养工作，重视人才队伍建设，构建文化遗产的可持续发展的有效机制，提高文化遗产保护投资力度，开发文化旅游资源，并对每项文化资源开发项目进行严格审查和监督，在不破坏原有文化体系的基础上，实现文化的传承保护。另一方面，要对中原文化中"忠、信、诚、义"的优良传统美德进行宣传教育，重视文化的延续，整合区域资源，营造学习型区域，尤其是加强对青少年群体的文化美德传承教育。第二，大力开发创新型中原文化发展模式。文化的创新在于观念的嬗变，要敢于挣脱中原文化中那些保守、中庸等固有的旧观念的束缚，注重对外开放，积极引进文化资本和战略投资者，提高文化产品的科技水平，提升文化服务意识，以创新为发展的第一要务。在文化产业科技创新方面，明确文化产业一体化的清晰思路，将民俗文化与产品开发相结合，将文化传承与地区旅游相配合，使民族文化静态产品与动态产品相融合。第三，适时融入"一带一路"倡议。长期居于中华文明正统地位的中原文化，在"一带一路"倡议中更应该担当起中国文化传播的重任。在与沿线国家接触交流之前，首先要对文化传播者以及中原民众进行"文化自觉、文化自信、文化认同"教育,让民众用最深沉的热爱对中原文化做最真挚的保护。要寻求正确的沟通途径,要端正、辩证地看待其他外来文化,积极寻求有效沟通方式,实现互利双赢。要不断探索和建设现代化进程与传统文化传承的实现路径。

内涵丰富的燕赵文化,自两千多年前的汉代以来,一直都是华夏文明重要的分支,从司马迁、班固对燕赵之民"慷慨悲歌,好气任侠"的基本判定,到现代学界对"新河北人文精神"的内涵解读,燕赵文化至今依然闪烁着燕赵人文气质中那种"坚韧质朴、重信尚义"的光芒,在中华文化谱系中熠熠生辉。在社会主义新时代的今天,机遇与挑战并存,传承与发展并重,燕赵文化更要注重把握好当前大好的发展时机,努力为燕赵文化的可持续发展拓宽发展路径。首先,从时代大环境来看,地处京津冀一体化圈中的燕赵文化应同国家战略紧密联系,抓住机遇,大力推进京津冀一体化协同战略,以发展的眼光将区域文化与国家整体发展背景相照应,重塑燕赵文化的现代胸襟和精神气势,并不断实现区域文化的创新与升华,以适应时代的发展要求。其次,从文化产业来看,经济发展作为文化传承的重要基石,两者存在相辅相成的关系。经济的发展为文化建设蓄能,文化发展为经济增长助力,其中必不可少的衔接就是文化产业的建设与发展。燕赵文化在京津冀一体化的进程中,要不断地抓住机遇,实现北京、天津、河北的对标和对接,实现三地文化产业环境及规模的优化与整合,多寻求并引入首都北京的资本注入,不断探寻燕赵文化产业的融资路径。最后,从文化传承传播来看,燕赵文化不仅要有大文化大格局,丰富文化传播渠道,更要注重对新生代群体的文化教育,让文化更好地传承和创新;不仅要有文化品牌意识,打造燕赵地域历史文化遗产品牌,重视对燕赵地区文物的保护,培育文化匠人,重视对基层文化的建设,大力弘扬燕赵民间技艺;也不仅要抓好文化软实力建设,抓住2020年北京冬奥会机遇和京津冀一体化的契机,弘扬、提升和创新燕赵文化的文化软实力,提升燕赵人文自信;更要有文化传播的执行力,以科学技术为支撑，利用新媒体的力量，借助新型传播途径大力宣传燕赵文化，将燕赵文化作为创意产业发展战略的中轴线，深入研究文化传播规律，构建和优化燕赵区域特色文化的传播体系。"走出去"的同时也做好"引进来"的准备，保持文化的特殊性，打造适合自身也能代表自身的文化品牌，不断寻求与其他民族或区域文化的交流与融合。

北京是现代中国的首都，从古到今，都有着举足轻重的政治文化地位，有着非常深厚的历史文化积累和沉淀。首都是国家的象征，新中国成立之初便高度重视首都文明建设。今天，首都作为国家政治文化中心的核心功能依然被特别强调。近年来，国家高度重视并采取了一系列强有力的措施大力促进京津冀地区经济社会的协同发展。在京津冀快速发展的今天，文化认同的作用日益凸显。在京津冀一体化进程中，要格外重视发挥文化认同的作用。被访问者谈到，要发展必须先要保护，城镇化的高速发展使北京的特色建筑越来越少，北京老胡同、京剧等北京传统的流失，必须要出台相关政策进行保护。北京作为首都，保护文化的方式还要考虑政治要素和世界影响。北京文化的可持续发展需要相关部门对北京传统文化进行地毯式的普查，使一些有北京区域特色的民风民俗、民间文学、民间艺术能够被梳理、传承并发扬；要抢救一些濒危文化，使那些珍稀文化不会湮没在历史的尘埃里；同时还要整理大量的古籍，借助那些价值非凡的古籍、遗产和历史人物、事件展开对北京区域文化的专题与综合研究，深入研究物质形态背后所蕴含的精神文化，使区域文化重新焕发鲜活的生命力。因此，更要在文化供给上保护传统工艺和大国工匠，在保护的基础上进行活化传承。北京文化的可持续发展，需要全国人民的共同努力，京津冀一体化战略作为国家战略，它的成功推进和成效必将为世界文化的发展提供可以借鉴的范本。

三晋文化源远流长，作为上古时期的中原地域性文化，形成了兼收并蓄的包容特性。从上古时期发展至今，三晋文化积累了大量丰富而又独具三晋特色的文化子系，比如，晋商文化、红色文化、戏曲文化……这些文化子系为当代三晋文化的可持续发展奠定了坚固的基石。因而，要将三晋文化作为山西省五位一体布局中的重要部分来进行可持续发展的规划。首先，从晋商文化子系发力。诚信作为晋商文化的中心支柱，在现代企业的发展过程中应大力继承和发扬。要继承晋商文化优良的经商传统以及商业经验，发挥晋商文化强劲的发展优势。在经济结构转型升级的大背景下，要充分发挥文化的能动作用，建立最适合区域发展的商业模式，大力发展区域文化产业。在经济全球化的大背景下，要开辟海内海外两条战线，把晋商文化融入全球化协作中。其次，从红色文化子系发力。坚持以人为本的文化发展理念，重视人才的培养，使其成为文化发展的原始动力和文化创新的知识源泉。除了要把传统文化融入日常教育，扩大普及范围，还要充分利用20世纪前50年在三晋大地开展的红色革命教育资源，对当代大学生以及三晋人民进行爱国主义教育，让更多的中国人对三晋文化中的红色文化有更深的了解与认同。同时对文化名胜古迹和文化名人进行保护和培育，充分利用三晋文化历史资源和英雄名人效应，大力发展红色旅游资源，更好地实现三晋文化的传播，从而提升吸引力和号召力。最后，从戏曲文化子系发力。戏曲文化是三晋文化中富有生存美学和实践美学的一个子系统。三晋人民应该坚持戏曲文化的文化自信，在发展中保持自身特色。要增加居民可支配收入中的文化消费比重，让更多群众更多地关注和把资金投入在戏曲等文化产业上。把戏曲文化发展成为一个有效且又独具特色的三晋文化美学传播工具。

深受儒家文化熏陶的齐鲁文化一直都富有仁民爱物的价值观念，也一直都是中华文明的主干部分。然而，齐鲁文化历经两千多年发展到现在，其自身的传统文化元素也经历了满目疮痍的黑暗时期，经历了欧风美雨。浪沙淘尽，在历史的拐角处，又是一片柳暗花明。要使齐鲁文化健康发展，要实现文化的繁荣复兴，就要把优秀传统因子与当代社会时代发展的内涵真正地融合。首先应从研究角度着手，对齐鲁文化资源进行大规模普查，制定详细整体的发展规划，并对重点项目实施切实可行的研究论证。在保有儒家文化持续发展的必要张力的基础上,保护齐鲁文化的民族与时代属性,在此基础上有选择地进行整合及优化。其次,找准齐鲁文化的品牌定位,大力发展文化产业;将儒家文化资源衍生为齐鲁地区的经济发展优势;发挥儒家文化资源优势,打响齐鲁文化品牌,加大文化创意力度;明确儒家文化可持续发展的实际需要,不断平衡齐鲁文化产业规模,大力创新发展。最后,内教于人,外传于国。对国内,要以文化教育为主线,积极办好文化育人各项活动,增加齐鲁地区儒学教育的各种公共设施,让儒学文化中的优秀传统文化部分在潜移默化中教育民众;大力发展文化旅游业,加强文化熏陶,定期举办孔子文化艺术节;在综合创新中丰富发展齐鲁文化的优秀思想,在不断变革的现代进程中探索和实践新的发展路径。对外,要大力培养孔子文化传播人才,批判继承,结合创新;加强国际交流,优化文化宣教质量;推动儒家文化融入"一带一路"建设,积极进行文化传承发展示范区建设。齐鲁文化尤其是儒家文化的发展一直伴随着多元文化的交流与融合,要积极弘扬传统儒家文化,宣传和培育儒家的优秀思想,使传统与现代相得益彰,创建以孔子为代表的民族文化品牌,扩大民族文化影响力,使儒家千百年来的文化积淀在更大的范围中传播。

(二) 北方文化区系可持续发展的个性演绎

北方文化区系的文化子系统包含了松辽文化、甘肃文化、三秦文化、蒙古文化、河套文化、西域文化等。北方文化区系幅员广阔,是以蒙古草原为中心,经济以畜牧业为主,农业为辅。因此其文化共性具有勤劳朴实的品质,又有奔放粗犷游猎的个性。

苍茫碧绿而又广阔的内蒙古大草原是中国古代游牧民族的主要栖居之地,所孕育的璀璨的草原文明和独特的内蒙古草原文化是中华文化不可或缺的一个部分。时代发展至今,"天苍苍,野茫茫,风吹草低见牛羊"的内蒙古草原文化依旧带给我们一些神秘的色彩和奇特的气

第九章　文化认同与文化自信互构共生

息，让我们想去探索了解，想去追寻发现，想去继承发扬。但面对经济社会和现代文明的冲击，内蒙古文化想要拥有可持续发展的力量，首先需要走国际发展道路，尽最大努力创建和完善"中蒙俄经济走廊"发展模式。在"一带一路"倡议的实施中，应肩负起更多的文化传播使命，使内蒙古地区成为我国北方向外延展的重要桥梁和窗口。其次要扩大文化融资，创建文化品牌。在这项战略实施过程中，政府要加大文化体系管理，转变文化管理的职能，不断优化文化基础设施的建设，深化体制机制的改革，多方面、多角度地拓展文化融资渠道。一方面，要充分利用草原地区得天独厚的自然资源和人文情怀，加大对那达慕等民族节日的宣传，并以此为契机，创办民族文化品牌，加大文化旅游业的投入和专业人才的培养，多途径地传播游牧文化；另一方面，要挖掘游牧文化的现代意蕴，使游牧文化资源和文化遗产转化成大众所熟悉的文化产品，并不断将其完善、创新。加大区域文化教育的投资力度，构建民族文化品牌。最后要重视草原生态文明建设。在文化传承进程中，要注重人的全面发展，将文化与牧区的政治、经济、社会、生态建设相结合，重视文化保护地区的生态环境建设，优化和提升文化资源环境区的生态质量；要使牧区文化产业的发展与自然生态资源保护相结合，以社会效益优先为主题，进行文化资源产业化的品牌规划；要充分发挥草原传统文化特色和优势，将古丝路、古茶路、古盐路转化为区域本身的优势和现实的生产力，加强地区合作与交流，优势互补，实现多方共赢的可持续发展。

三秦文化的起源早至炎黄时期，三秦大地经过历朝历代的变更，时至今日，三秦大地主要泛指陕西、陕南、关中三个地方，地处中国内陆闭塞之地，地形险要封闭，经济发展也较为落后。由于汉唐曾建都于关中，三秦文化文化品性受当时都朝的影响表现为积极进取，刚劲敢为。唐朝由盛转衰之后，从宋元发展至今，三秦文化也表现出了怀旧和保守封闭的倾向，在一定程度上制约了文化的可持续发展。三秦文化的内涵丰富多彩，要实现其创新发展，必须先从文化保守和惰性中走出来。受访者认为，可以先从历史文化古迹着手，大力进行历史文化尤其是唐朝时期的文化宣传，扩展文化旅游产业，在一些乡土文化活动中融入三秦文化宣传与普及，还要将一些文化符号如秦腔等非物质文化遗产进行创造性转化，以明确文化产业化的基本思路。

地处中国西北内陆的甘肃因其著名的敦煌文化而闻名。作为敦煌的故土，甘肃应牢牢抓住敦煌文化国际化发展的契机，整合敦煌文化资源，大力全面发展甘肃文化产业。一方面，坚持批判性继承，以包容的态度对待文化的发展，在继承中不断创新，使甘肃敦煌文化实现可持续发展。发掘甘肃敦煌的悠久文化历史和精神文明风貌特性，开展特色名胜古迹文化旅游。另一方面，要把握"一带一路"倡议为甘肃带来的历史性机遇，深入发掘敦煌特色文化，充分发挥敦煌在地理位置、文化产业、旅游产业等方面的独特优势，在经过专业的评估和规划、严格审核后，对敦煌莫高窟等历史遗址进行开发。以"一带一路"倡议为契机，加大甘肃敦煌文化和不同文化间的交流融合，在交流中互鉴，不断自我完善，自我超越。

（三）南方文化区系可持续发展的个性演绎

南方文化区系是中华民族古老发祥地之一，由于其山势地形复杂多样，南方文化系统也呈现出复杂多样的形态。南方文化区系可分为巴蜀文化、湖湘文化、赣文化、河姆渡文化、荆楚文化、江淮文化、闽台文化、良渚文化、吴越文化、岭南文化等。每个文化都有自己绚丽多姿的花簇，在悠悠历史长河中尽情地绽放着独特的精彩和荣耀。

大儒迭起的湖湘文化呈现了湖湘人民坚韧不拔，敢为人先，喜经世致用之学的文化品性。从周敦颐、曾国藩、左宗棠到毛泽东，从湘军精神到洋务运动再到武昌起义，从大儒个人到英勇群体，都展示出了湖湘文化对区域民众精神气节的滋养，及其对中国社会所产生的重大影响。新时代，要使湖湘文化实现现代化，首先就要遵循社会主义先进文化的发展方向，一方面，要继承湖湘文化的躬行实践、开拓创新、注重实干等精神特质，在保持湖湘文化特性的基础上，不断丰富发展和勇于探索。另一方面，要鼓励和引导以湖湘文化为核心的文化商品，尤其是文化精品艺术品的生产经营活动，拓宽湖湘文化转变成现实经济价值的渠道。特别要用好湖南卫视这一新名片，通过湖南电视台对文化进行输出，通过商业途径来改变文化消费偏好，传递和扩大湖湘文化的影响力。

土生土长于长江中游，博大精深的荆楚文化是南方华夏先进文化的代表之一，历经三千多年的磨炼与发展，依旧备受世人瞩目。荆楚文化在精神文化和物质文化层面都取得了辉煌的成就。今天，荆楚文化要更好地实现文化的可持续发展，就应继承荆楚文化八个文化子系统的优秀的丰富内涵，继承荆楚传统文化的包容、爱国以及和合精神。另外，文化的传承需要注重群众的多样化需求，大力丰富民众精神文化活动，积极开拓新型文化产品，提高群众的文化活动参与度，才能真正提升文化的竞争力和生产力。在旅游资源开发方面，要着重将荆楚文化与区域旅游资源相融合，多举办地域特色文化活动，以荆楚文化为支撑，打造文化旅游项目，从楚文化到近代的红色之旅，让人们牢记历史，增强区域文化认同。要积极引导全国不同区域之间的文化合作，以文化交流为基础，促进地区间经济合作的快速发展。实施产业融合战略，打造荆楚文化产业链，开发荆楚文化资本，提升文化凝聚力，培育优势文化产业，提升荆楚文化的内涵与价值。

在享有"物华天宝，人杰地灵"的美誉之地成长发展的赣文化，一直以来都是中国南方文化区系乃至中华民族传统文化的重要组成部分。土文化、茶文化、瓷文化、理学文化、书院文化、革命文化构成了江西赣文化的基本基调。今天，曾经在历史上各领风骚的江西赣文化的理学、宗教、文学艺术逐渐式微。江西赣文化要在全国各地区域文化中突围而出，实现赣文化的可持续发展，首先，需要重视江西本土文化的教育，让赣文化普及教育走进课堂。其次，利用"互联网+"的科技优势，不断探索赣文化传承发展的新举措，拓宽文化投资融通渠道，构建书院、瓷器、茶叶等文化产业链，并不断优化产业投资结构，促进文化产业的可持续发展。最后，要充分利用赣南丰厚的革命历史文化，在对"红色文化"的传播中，开拓"红色"旅游资源，构建"红色"文化宣传的示范基地。

具有广博的人文情怀的巴蜀文化在四川盆地氤氲发展。新时代，巴蜀文化的可持续发展可以在以下方面多努力：要加强对传统工艺的保护性传承，注重文化圣地及文物的保护；创造传统文化进课堂的有效方式，吸引更多青少年重视关注，并在理解和认同中认真学习传统文化；坚持包容开放的文化心态，在大力构建和改善本地区文化大背景的同时，也要努力参与到外来文化的交流碰撞中；加大宣传力度，将巴蜀文化推向世界，让更多人了解巴蜀文化；通过体制机制的改革和保障，同时提升文化软实力中的量和质，使文化软实力的提升真正符合助力区域经济增长方式转变的时代要求。

（四）青藏文化区系可持续发展的个性演绎

地处世界屋脊的青藏文化，是真正的高原文化。地缘和区位，造成了相对闭塞的文化发展环境。青藏高原地域辽阔，多元少数民族文化在这里融合发展数千年，形成了大量极具区位特色的生产生活方式和风俗习惯。青藏文化经历了藏传佛教的影响，发展成为一种包罗万象的体系。这些极具特色的风土人情，同样是中华民族传统文化的一部分。在科技迅猛发展的新时代，青藏高原闭塞的地理环境已经不能阻碍和限制文化的传播，因此，青藏文化应积极寻求科技的支撑和助力来对青藏文化旅游产业进行开发。大力发展区域经济，强调政治、经济、文化、社会、生态的全面协调共进。特别要在区域文化遗产的保护性、传承性和创新性上下功夫，在传统工艺的现代化上花心思，在文化生态保护区上多探索，在文旅融合上多发力。少数民族地区不应也绝不是落后的同义词，引领和开阔少数民族群众视野，需要实现民众观念的变革，需要多元主体的参与和区域民众的自我创造和释放；

也只有经过现代性洗礼之后的文化觉醒才能带来长久的文化自觉和自信。精准扶贫要在改变群众的观念和认识上发力，加强民族地区的教育是根本途径。在充分尊重当地少数民族的文化习俗和宗教信仰的基础上，深入挖掘民族风俗中的优秀传统和时代意义，兼顾青藏文化的民族性和时代性，保护文化与文化创新并重。另外，要时刻保持青藏文化的张力，立足区域实践，聚焦区域问题，促进文明互鉴语境下的区域文化元素的有效传播；要引领传统民俗在时代的发展中演变成顺应时代的新民俗和新的生活方式，用不断提升民众的幸福感来讲述充满区域特色的文化故事，珍视区域和民族文化在西藏自治区历史变迁中的影响和价值，更要引领新时代区域民众的思想观念和精神追求。

三、区域文化可持续发展的他山之石

区域文化要想为世界所了解，要确实能够在全球化条件下具有生命力，必须使文化国际化。走向世界，走进现代，产业化无疑是一条可行的道路。东北地区文化资源丰厚，注重文化产业的发展，不仅是发挥文化的经济功能，更主要的是传播区域文化，使其他国家和民族能够以实事求是的态度看待它。

中国的崛起已是一个不容忽视的事实，但对这种事实的看法却可谓千差万别：一方面是中国民族自信力的提升，另一方面又可能被西方认为是民族主义情绪在上升；一方面是经济科技的强大，另一方面世界对中国文化依然不了解。增强中华文化国际影响力的一项迫切任务，就是认真总结现代化建设的"中国经验、道路和模式"中所包含的区域文化因素。

（一）整理和呈现松辽区域文化可持续发展的文化生态

文化产业的迅速发展与经济实力、市场化程度有一定联系。一般来说，强而有力的经济基础、完善的文化市场的确有利于文化产业的发展。松辽区域的文化产业应将目光瞄准发达地区甚至国外市场的需求，文化开发战略一定要结合国家制定的相关政策，要考虑东北地区历史和人文景观，还应当注意结合和利用区域原有的象征资源如语言、仪式、戏曲、说唱、歌舞等。东北地区各少数民族在学习、适应、掌握现代化物质手段和利用文化资源的同时，"要对传统文化的边界、政治经济的边界、人格心理的边界做重新调整，以求得在国际文化、国内主流文化和本地区本民族传统文化之间的某种'人文生态平衡'"[①]。

东北地区有着极为丰富的文化资源，包括丰富的历史文化积淀和良好的生态文化环境，具有可持续发展的文化生态。几千年历史风云的激荡造就了生生不息的文化脉源，使这片土地上遍布辉煌灿烂的文化遗存。东北还是一个人文资源极为丰富的地区，这里不仅有各种历史文化遗址，还有不同民族的人文景观、民俗文化、民间艺术，配合许多优美的自然景观，适合在这里"建设一些天然的生态博物馆，让珍贵的文化遗产尽可能原生态地保存和保护在其所属的自然环境和社会环境中"[②]，既能与幽深的、旷远的大自然地理环境融为一体，又能更多地保留历史风貌、文化内涵、文化多样性和文化生态。

松辽大地既是中华文明起源和发展的重要地区，也是少数民族聚集之地，具有丰厚的传统文化底蕴和特色鲜明、样式众多的民间文化。其境内共有少数民族 40 多个，人数较多的少数民族有满族、朝鲜族、蒙古族、达斡尔族等，各民族文化在这里和睦相处，共存共荣，构成了世界上少有的多族群、多文化共生地带。区域文化的现代化需要充分展示和合理利用这些得天独厚的自然历史文化资源和民族民间文化资源。在一切可持续利用的资源中，文化资源是最高层次的，也是最具开发价值的资源。人类社会各民族的多样性的文化、多重性的知识系统、多元化的价值体系，能够为方兴未艾的知识创新、欣欣向荣的知识经济发展注入新的潜能，为具有高文化含量的新型人文经济的形

[①] 彭岚嘉：《西部文化生态保护与文化资源开发的关系》，载《社会科学研究》2001 年第 5 期，第 82 页。
[②] 同上书，第 83 页。

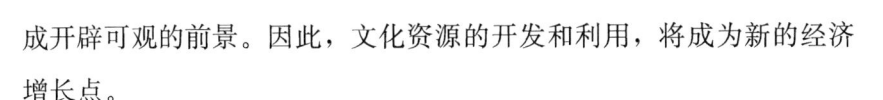

成开辟可观的前景。因此，文化资源的开发和利用，将成为新的经济增长点。

文化生态的破坏是人类因为没有远见造成的损失和缺憾。文化生态保护要求文化创造的主体既要有较高的理论和学术能力，又要有深远的、开阔的文化发展格局。文化资源的保护是一个需要地理学、地质学、生物学、海洋学、化学、经济学、哲学等在内众多学科支撑和构建的系统性的工程，它要把区域文化与其历史和地理环境协调起来，使人文环境和自然环境同时得到改善。东北地区各民族创造出来的丰富的区域文化是中国文化的重要组成部分。在区域文化现代化的历史进程中，保护和弘扬区域内的民族民间文化，是中国特色社会主义文化建设的民族资源和认同根基，是区域内各民族生存和发展的内在动力之一。东北地区民族民间文化作为世界文化多样性中的一员，其发展对松辽区域经济社会可持续发展同样非常重要。可以说，保护区域民族民间传统文化，在一定意义上就是在保护民族发展的本源，就是在保护中提供它走向未来的可能性和持续性。没有对区域内民族民间文化的深刻理解和保护性开发，我们就很难全面认识五千年绵延不绝的中华文化传统，也很难续写新的文化辉煌。文化的区位特征和民族特征是人类文明生命力的源泉和表征，但是，"在以工业化、城市化、全球化为表征的现代化浪潮的冲击下，人类文化的趋同性、单调性、重复性色彩日益加重。无论是原有文化多样性的继承还是新的文化多样性的形成与构建，都面临重重困难"[1]，众多区域民族民间文化的生存土壤正在丧失。因此，在区域开发中对各自民族民间文化的保护性利用状况，决定其发展的深度和广度。

世界上任何一个国家和民族，无论是主动还是被动地闭关自守，它特定的文化系统终会因缺少外部驱动而衰落。在全球经济一体化的

---

[1] 闫天灵：《民族民间文化多样性的来源、存替规划及其分类保护》，《民族艺术研究》2003年第5期，第48—56页。

强势冲击中，民族文化正以惊人的速度与现代文明相融合，并因为融合而让文化特质趋向弱化。因此，文化发展也需要像保护物种多样性那样保护区域文化的多样性，像关注自然生态那样关注区域民族的文化生态。[①] 这其实是文化发展中的"反题"，而经过对有形的或无形的文化的挖掘和重视，经过区域文化的被梳理、被传承、被认同、被自觉的过程，全球化中的文化交往必将实现共赢和多赢的"合题"。对于东北地区众多的少数民族来说，重要的非物质文化遗产，如口传历史、表演艺术、风俗习惯、节日礼仪等，既是民族基本识别的标记，又是维系民族、社区存在的认同线，尤其需要加以保护。[②] 区域民族文化生态的保护需要与开发需求，是相互作用、对立统一的，如果完全舍弃原有的文化生态，不仅没了建设的根基，更失去了文化原创的价值依托。而保护又必须是与时空背景相称的开放性的保护利用，这需要调整东北地区各民族文化在现代化场景中的文化选择能力、文化适应能力、优化自身的能力。只有建立在不失去本民族固有的、依然有生命力和生存价值的文化要素基础上的新文化因子的有机注入，才能为东北地区各民族文化在向现代转型中找到新的发力点，才有利于区域民族文化在时代的新挑战和新机遇中获得新生。

（二）发展松辽区域文化产业的体制和机制

东北地区传统文化极其丰富。如民间传统工艺美术及制作技艺、传统医药、濒危的少数民族语言，口述文学和传统戏剧、曲艺、音乐、舞蹈、绘画、雕塑、剪纸等民间文艺，传统礼仪、节日、庆典、游艺、禁忌、宗教信仰等传统习惯，以及与上述各项相关的代表性的原始资

[①] 彭岚嘉：《西部文化生态保护与文化资源开发的关系》，《社会科学研究》2001年第5期，第83页。

[②] 曲冠杰：《重视民间文化的保护》2001年3月21日《光明日报》，B01版。

料、实物、建筑物和场所,等等,① 所有这些底蕴丰厚的物质文化或非物质文化、文化遗存和独特的自然资源,都是有待进一步开发的,合理地开发这些资源,就有可能形成各具特色的文化产业。现在的问题是,这些文化资源虽然丰富,但其商品化程度却很低,已有的文化产业的精神内涵和艺术精致程度也较低,很难适应激烈的市场竞争。这说明,空守着得天独厚的传统文化资源,并不能必然等来发达的文化产业,在世界性市场已经形成的条件下发展文化产业,不在于拥有多少资源,而在于能利用多少资源。

民族地区要发挥传统文化资源的优势,必须实行传统文化资源的现代转换与开发,特别是需要学会用市场的眼光来审视现有的资源,用市场的机制来整合现有的资源。发展文化产业的一条根本经验就是以市场为导向,因地制宜,发掘优势,弘扬传统,发展特色。发展文化产业,物质投资不是不可逾越的障碍,传统文化资源丰富也不是必要条件,关键在于人的观念和智慧,特别是需要有机遇意识和创新意识。② 这里尤其要强调创新意识在发展文化产业中的地位和作用。创新是文化传承和发展的根本。我国的文化产业还处于起步阶段,没有经验可循,一切都要靠实践、探索和创造。

在全球思想文化交流、交融、交锋的新的历史条件下,我国在成为世界强国进程中的国家文化软实力建设面临的历史性挑战就是传统文化现代化问题。不可否认,由于历史的原因,东北民族地区传统文化中还有一些保守封闭的因素,使得松辽大地丰富的自然资源优势难以转化为商品和市场优势,传统的历史文化优势难以转变为综合创新的新文化优势。同时,人们模糊的观念、落后的管理体制以及不规范的准入制等因素,都严重制约着文化产业的迅速发展,亟须以观念、

---

① 冉瑞燕:《论湖北民族地区传统文化的政府保护》,《武汉科技学院学报》2005年第11期,第185—189页。

② 王春美:《创新意识是欠发达地区发展文化产业的关键》,《青海民族研究》2003年第3期,第6—8页。

战略、制度等方面的创新来推动丰富的文化资源向发达的文化产业转化。

文化产业发展重要的是在观念上需要创新。文化产品具有无形的精神属性和有形的产品属性二重性。文化产品的生产或文化艺术活动具有与物质产品的生产类似的一些特征，属于广义的社会生产范畴。文化市场是文化商品生产和商品服务发展到社会化大生产阶段客观上所必需的资源配置方式，是以市场交换作为文化资源配置基础的运作方式。在市场主导生产的条件下，文化部门是一个精神产业部门，文化产品是具有思想内容的物质产品，是精神价值具体物化的载体，文化生产部门应该追求的是社会效益与经济效益的统一。只有消除了对文化及文化产业的狭隘、片面、模糊甚至错误的理解，充分认识文化产业在社会经济中的重要地位和作用，才能为文化产业的发展打下良好的基础。

发展松辽区域文化产业的战略也需要创新。战略是着眼于全面与长远的思考和决策，必须合乎实际，因地制宜。首先在产业选择、发展模式、区域布局等方面确定东北地区文化产业发展的战略重点，大力开发利用传统文化资源，组织"一地一品"特色文化资源开发，使东北地区独特的自然景观和人文景观、文化遗存以及民俗文化焕发出新的光彩和活力；其次以历史名城为龙头，以文化资源为纽带，加强地区间联动开发共建，形成具有时代特征和区域特色的文化新形态；再次要加强与文化产业化发达的国内、国际各地区的合作，在更大范围内实现文化资源共享、优势互补，促进共同发展；最后要发展基础性文化产业，如艺术演出业、文学艺术创造业、教育产业、科研产业等。

文化产业发展还需要制度创新。完善文化市场管理的法律制度，规范社会主义文化市场秩序；实践广泛开放、灵活适应的新的文化经营机制和管理体制，对松辽区域现有的文化单位进行分门别类的管理，建设松辽区域地区文化产业发展体系；建立现代文化企业制度，将经营性文化单位逐步向企业型、产业型文化单位转变,形成法人实体和市场竞争主体;建立多渠道的文化产业投融资体制,大力扶持文化个体户和民营文化企业,鼓励个人、单位、团体捐赠和设立文化发展基金;制度建设和创新是区域文化产业化的重要制度保障。

文化产业化的设计应该自始至终融入我们对古典,也就是传统文化精髓的推崇,使得文化发展中质朴与华贵、现代与古典相得益彰。通过创新和开发文化资源,在保留自身文化特质的同时享受现代文明,是东北老工业区在当代腾飞的关键之一。我们可以利用资源优势,着力打造既符合市场需求,又具有鲜明特色的文化旅游产品;利用区位优势,推动不同文化之间的相互交流和学习,实现各种文化在互补中的优化和创新;利用系统优势,开发高文化含量的文化产业,发展文化资源化的人文经济。文化产业化不但可以使东北地区获得巨大的经济效益,同时还可以使松辽区域文化获得可持续发展,使地方文化优势转化为区位优势,人文优势转化为经济优势。这种转轨具有强烈的人文主义精神,是传统文化在新形势下的一种自然延伸。[①] 当然,文化景观必须和创新型的文化活动、文化组织相结合,才会成为新的有活力的文化动力源,才会走上多种经营、综合发展之路。

文化是一把双刃剑,先进的文化可促使社会跨越式发展,落后的文化则会阻碍社会的深度发展。东北地区传统文化中沉淀下来的保守封闭因素难以避免,因此,建构文化发展理念和发展战略,需要有勇气打破传统文化中僵化保守的因素,打破现有重经济轻文化的格局,在文化大开放中实现文化大开发。

(三) 从历史和文化的双重视野创新可持续发展的保障机制

在改革开放深入发展的当代中国,文化发展的战略问题日益被社

[①] 彭岚嘉:《西部文化生态保护与文化资源开发的关系》,《社会科学研究》2001年第5期,第84页。

会各界所关注。松辽文化在中国文化中占有重要地位，它既展示出中华地域文化的多彩丰姿，也有利于建设社会主义新文化的伟大实践。但东北地区对于传统文化的宣传和推介处于"原生态"状态，优秀的文化传统资源优势并未充分转化为强大的现实生产力；对传统文化资源的创新和改造亟须加强。

松辽文化建设的途径选择，既要从区域文化的现状出发，又要服从于为实现区域的现代化提供精神动力和智力支持这个大前提，从历史和文化的双重视野进行科学准确的定位。

第一，驱动文化结构的内部诸要素和各层次之间的互动，让理想的文化形态和文化追求照进现实，促进现实文化向情怀和理性迈进，①构建文化建设的行动指南。物质、行为、制度、精神四层次文化结构内含了现实和理想两个层面，因此，文化建设的途径选择可以从现实和理想的互动和发展中去思考。现实性文化指的是来源于现实生活、适应市场经济发展要求的文化表现形式，它注重从区域自身的物质资源、人文背景、制度设计和文化基础出发，不断适应社会客观环境的变化，满足人的实际生存需要。理想性文化立足于当下，为充分满足人民精神需求、丰富人民精神世界、增强人民精神力量的目标，实现其经济、文化生活的精神导引作用，而超越现实性文化，更具有探索性和预测性，体现了文化建设的理想目标和终极追求。实现两者有机互动、优化文化结构，关键在于抓住两个驱动环节：一是增强现实性文化的理想关怀，通过大力提倡经济发展和现实生活的健康应对方式，引导人们正确认识生存和发展、眼前和长远的关系，使现实性文化既来源于生活，又高于生活，凸显其精神引领作用。二是强化理想性文化的现实关怀，使理想性文化既超越现实，又贴近现实，从而构建艺

---

① 吴俊忠：《深圳文化建设的主要途径与发展方向》，《特区理论与实践》2001年第9期，第57页。

术化的生活方式，实现生活的艺术化，真正实现文化的自觉。

第二，提升人们的文化觉醒意识，让更多的人实现从自然情态向文化生活的生活方式的转变，[①] 凝聚和增加文化建设的主体和推动力量。现代文化人包括两个层面的含义，一是逐步实现了人的现代化，培育具有文化自觉意识的广义的文化人群体。美国学者英克尔斯提醒人们："无论什么样的国家，当且仅当它的国民都成为现代社会的公民，即，他们不仅是心理上的现代人，而且是实践中行为能力上的现代人——在这个国家的政治、经济、社会和文化等系统中进行工作的所有人都获得了与这个现代化时代和现代化实存相适应的国民性格和实践能力，那么，这样的国家才可能是真正迈向了现代化，成为了政治意义上的现代化国家。"[②] 可见，在日益变迁的东北地区文化氛围中，直面纷繁复杂的文化现象，胸怀"以文化人"的理想，增强文化的自觉意识，塑造具有独立自主意识的全新的自我，逐步实现人的现代化，培育和形成一个广义的文化人群体既是区域文化建设的先导，也是社会现代化的关键。我们应该立足当下，继承传统文化的精华，创新发展时代文化的精髓，增强人们的文化意识，实现文化的发展和繁荣，推动社会的进步。二是植根于区域的自然和人文环境，保护和培育民族民间文化传承人。民族民间文化是发展民族地区文化的精神支援与民族根基，塑造着一个民族的精神、品格、价值取向、思维方式以及风俗习惯等。增强人们对民族民间文化地位和作用的了解，对传承人作用的认识，推动他们肩负并参与到民族民间文化传承人保护和培育工作中去，是从另外一个侧面对东北地区文化建设的推动和促进。

第三，实施文化建设的系统工程，促进区域文化建设可持续发展。

---

① 吴俊忠：《深圳文化建设的主要途径与发展方向》，《特区理论与实践》2001年第9期，第58页。

② 英格尔斯：《人的现代化》，殷陆君，译，成都：四川人民出版社，1985年版，第8页。

松辽区域文化建设是个系统工程，包括文化设施、文化政策、文化产品生产、文化消费、文化教育、文化管理、文化环境等多项工作。因此，必须在文化建设过程中开发、保护并举，[1]走可持续发展的道路。我们需要完善文化设施建设，满足文化资源开发利用的要求；制定、落实和完善文化资源开发和保护政策，调控和引导理性的文化开发行为；规范文化产品生产，建立品牌意识，突出区域特色和民族特色；强调文化消费高品位、精品化，引领文化市场品位；既要吸取传统文化的精华，又要勇于吸收时代元素，通过文化教育塑造高雅的文化氛围；科学化管理，助力文化建设和发展；依托东北地区特色文化资源，推动松辽文化产业的大发展，让文化产业的特色反哺区域文化的发展，培育市场主体和集聚市场效应，让文旅融合和文化产业成为区域新的经济增长点。要经常举办"中国·东北文化产业深度融合峰会"，定期集中展示东北地区文化产业发展成果，助力区域经济社会高阶运行。围绕区域文化的可持续发展，塑造一个多元文化兼容共存，既统一规范，又宽松自由，既富有现代化气息，又不乏传统丰韵的社会文化环境。

创造性地建构一个全新的文化体系，处理好历史和人文、理想和现实、开发和保护的关系，逐步扩大东北地区文化区域特色的内涵与影响力，推动区域文化的可持续发展，努力实现文化现代化与社会现代化、人的现代化的同步发展。通过文化现代化，梳理传统文化发展脉络，创新文化产业战略，塑造人的现代化的文化环境、强化人的现代化的动力机制；增强现代化的"软文化"实力，才能为东北地区的全面发展提供厚重的文化底蕴并创造富有现代气息的文化氛围。

四、全球化背景下区域文化可持续发展的共性设计

（1）区域文化本身也是一个会自我发展、自我完善的有机整体，

---

[1] 易君，廖飞翔，黎小惠：《土家族民俗文化的保护现状与思考——基于湖北恩施来凤县民俗文化保存现状的调研》，《法制与社会》2011年第6期，第194—196页。

将区域文化的有机整体置于全球化背景下，应促进区域文化同其他区域文化之间的交流与沟通，促进整个文化系统的更新和发展；

（2）从国家发展战略的层面高度认识发展文化产业的重要性和紧迫性，加强宣传，充分运用传统媒体和新媒体共同作用来传播区域文化，每个区域也要形成适合本土的区域文化宣传体系，结合本区域的民族和文化特色，增强宣传力度和宣传效果；

（3）加大文化设施投入，增加新的文化设施，为促进文化发展提供"硬实力"；

（4）重视与时代发展相称的创新，挖掘区域文化的深层内涵，并整合出符合现代元素的创意，满足现阶段大众的心理和精神需求；

（5）必须把区域文化的发展与经济发展相结合，要充分发挥文化在经济发展中的能动作用并培育文化产业集群；

（6）区域文化的发展离不开成熟的商业和市场模式，必须要建立井然有序的文化产业链和运转机制，不能急功近利，要在注重文化底蕴的前提下，按照文化产业发展规律而发展；

（7）科学技术是第一生产力，高新技术是区域文化发展的有力支撑，文化产品要充分利用先进技术，以市场为导向，推进区域文化产业的可持续发展；

（8）在全球化进程下，积极实施"引进来和走出去"相结合的文化传播战略，促进本地区文化与其他外来文化的交流和融合，汲取其他文化的优秀精华为我所用，在不失本区域文化特点的前提下，充分吸收先进文化理念，发展本区域文化，做到与时俱进；

（9）在全球化背景下，要有鉴别地学习和借鉴，坚决抵制不良文化的冲击；

（10）以人为本，重视培养和吸收区域文化人才，把人才培育放在区域文化可持续发展的核心竞争力的战略高度中进行考量；

（11）重视基层文化建设，发展大众文化，探寻"阳春白雪"与"下里巴人"并举的文化形式，让区域文化宣传深入到民众的日常生活中，在日常生活的介入和席卷中，提高民族文化传承自觉性；

（12）重视对文化遗产的保护工作，对物质文化遗产和非物质文化遗产的保护要遵循"保护为主、抢救第一、合理利用、加强管理、传承发展"的原则。

（13）处理好经济发展和文化、环境保护之间的关系，重视生态文明建设，保护和优化文化生态环境；

（14）教育是区域文化可持续发展的重要保证，要切实加强青少年群体对传统文化的认识，通过各类文化活动提高其对民族特色文化的兴趣和责任感，树立对本地区文化的文化自信，不断建立和完善文化创新体系，从而更好地培养人们文化意识、文化自信心和民族自豪感；

（15）因地因时制宜，根据区域特色，在发扬本区域文化特点的基础上，建立和发展与区域历史、区域条件相适应的文化产业；

（16）创造和打造区域文化品牌，实施品牌战略，加强政府投入和拓宽投资融资渠道；

（17）加大对区域传统文化资源遗产和民间手工艺人的保护，加大方方面面资金投入的规模，使优秀传统文化的有效传承有依托、有保障；

（18）积极促进区域文化要素与区域经济、文化产业、文化企业等主体和要素多方面的融合，使特定区域内的经济和文化互相借力、资源共享，从而提升整个区域的整体实力和竞争力；

（19）大力发展区域文化旅游业，让区域自然风光也变成讲说区域文化故事的主体和载体，让区域文化无处不在的魅力和感染力随时随地发挥对内对外的辐射作用；

（20）改良区域文化，确立创建区域文化品牌的目标，加大文化人才培养，做好区域文化宣传工作，使区域文化顺应时代和全球国际化的发展趋势，变区域文化发展劣势为优势。

第十章

让文化产业成为松辽区域经济新的增长极

第十章　让文化产业成为松辽区域经济新的增长极

文化产业在发达国家现已成为带动国民经济与区域经济发展的主导产业，我国也正在推动供给侧结构性改革。当前，正是文化产业大有作为的战略机遇期，文化产业应该在区域经济增长中发挥重要作用，文化生产力需要强力释放。

一、加强文化产业基础理论研究

党的十七大以来，国家对社会主义文化建设的不断强调，为文化产业的发展提供了重大机遇，文化产业遇到了最好的发展时期。但需要反思的是，这些文化产业的发展实践依然是在基础理论准备不足的情况下摸索前行。如果没有人潜心做些直指文化产业核心的理论研究，只借用西方的创意产业和体验经济，或者说，只关注文化产业发展的手段和方法，那么，不能深入研究文化产业实践内核的各类讲座、论坛、概念和包装等只能是虚假的文化研究繁荣。

文化产业的基础理论研究，同样是供给侧结构性改革的一部分。可以说，我们对文化产业的理论研究还不成熟。文化产业作为新生力量，乱象颇多。正确的认识才能引导正确的实践。文化产业实践不断向纵深发展，日益成为"显学"的当下，文化产业更需要各级政府、各种组织和群体冷静和理性地思考，不是简单地狂飙突进，也不能泥沙俱下、鱼目混珠，更不能盲目推进，要有智慧、有鉴别地进行文化产业的设计，并对正在进行的文化产业的改革进行总结，借鉴教训，推广经验。

实践是理论的来源、动力和目的。文化产业理论研究的不足，与文化产业的发展实践不够充分有很大关联。经济社会的大发展是文化产业理论与实践发展的场域、动力和支撑。供给侧结构性改革、经济新常态、新产业和新业态对文化产业的结构和升级以及日益增长的文化需要等共同构成了文化产业发展的时空活动场。在此背景下，文化产业理论研究已超越了经院哲学的范畴，担负起了发现经济增长"新一极"的使命。作为新兴学科，其概念、范式、方法、框架等需要规范，才能明确自身的学科归属，成为国家学科目录的一部分，进而成为国家经济社会发展的理论重器。《中共吉林省委关于制定"十三五规划"的建议》（以下简称《建议》）中明确了文化强省的重要性，承诺提升政策导向作用，在提升吉林省文艺作品和文化产品影响力的同时，实现社会效益、经济效益双赢。并承诺加快建设公共文化服务体系，创作和推出一批弘扬社会主义核心价值观、体现吉林区域文化特色的文艺精品。《建议》还承诺要加强对文化遗产进行保护和传承，加强吉林省少数民族文化建设。《建议》提出要把包括长影集团、吉视传媒在内的龙头文化企业做大、做强、做优；推动文化创意与服务、旅游、科技等相关产业链条的衔接；还将加强长白山文化、白山松水生态文化等吉林区域特色文化建设，打造强健文化品牌与世界交流。

当前，我国文化金融产业的发展还处在摸索阶段。政府对文化金融的认知确实在不断深入，但对文化金融产业的概念和内涵还比较模糊；区域发展对文化金融产业的需求非常大，但对文化金融产业的发展路径和如何选择都不太确定；区域文化金融产业虽然也在开展，但因为整体缺乏了解使得文化金融产业的规模都不大；区域文化金融产业的实践主要是基层在探索和展开，缺少来自政府层面政策的回应和支撑；区域文化金融的发展路径基本是新瓶旧酒，还远未形成文化资源资产化和金融化；区域文化财政的政策设计和支持的落实都比较滞后；区域文化产业支撑体系还不充分。文化金融创新，要实现的目的是把文化资源资产化、金融化、平台化和平民化。文化产业无论哪个层面的设计，都应该有仰望星空的胸怀和低头踏实走路的能力。文化金融作为手段，永远要为区域经济服务，为区域社会生活服务，为区域民生的改善服务。

区域文化产业和资本市场的对接其实就是资源化、产权化和产业化的区域文化进入资本市场的过程。文化与金融的结合是利益与价值的双重融合，势必会产生工具理性和价值理性的矛盾。因为文化创意产品在生产和消费中没有标准化的限定，但必须要把资本的逐利性放在保护区域文化资源特殊性中进行考量，并且，社会效益需要优于经济效益。政府在区域文化产业发展中首先就是要提供保障、发挥引导和带动作用。通过投资补助等方式搭建和规范适合区域文化产业特殊性，而且也能保证企业有较长生命发展周期的融资体系，财政既要支持文化金融合作，也要依法进行简政放权；要用战略眼光制定具有稳定性、明晰度、低风险的文化政策。社会资本和投资方也要不断创新文化金融服务的机制、形式，特别是文化金融人才的培育和提升。

"十三五"时期是我国文化产业提质升级的关键期，文化产业的区域化发展、区域间和区域内部的实力整合是文化产业发展的重要引擎，文化产业区域化呈现"带状发展"特征，即，文化产业空间布局超越行政区划和产业门类限制而呈线性带状分布，文化产业的诸多因子在市场化配置与整合中实现整体共赢。松辽文化产业带建设依托东北地区经济和文化资源，因而，研究并理清松辽文化产业经济带的特点，具体问题具体分析，充分利用东北地区文化资源发展文化产业，对松辽地区区域经济的发展，对我国文化产业的整体提升都意义深远。松辽地区文化产业的理论研究需要从区位特征、中华文明、世界背景三个维度进行探讨和深化；需要从构建文化产业基础工程和创新思维的角度思考继续拓展的路径；需要在全球化背景下，从学术角度认识松辽区域文化产业研究的重要性。伟大祖国十九种大文化区域的文化资源能不能幻化出千变万化的盈利能力，区域文化金融产业能不能在

"一带一路"倡议沿线的文明交往中借力使力，是所有专家学者必须直面的大课题。

二、松辽区域文化产业化的张力分析

"一带一路"沿线文化资源丰富，东北地区既是边疆地区又是民族地区，可以把文化产业培育成东北地区区域经济发展某些路段的支柱性产业，让文化产业成为扩大就业、促进消费的载体。松辽文化产业带在我国多元一体的文化格局中具有独特地位和价值。

（一）松辽地区具有特殊的战略地位和丰厚的民族文化资源

第一，东北地区的战略地位和特色文化资源优势。东北地区是国家振兴老工业基地战略的核心区，是加大东北资源开发、生态建设和特色产业等领域的支持重点，与渤海湾经济带相连，是东北亚的窗口。松辽区域拥有小河沿文化、白岔河文化、青铜文化、渔猎文化、辽金文化、前清文化、抗战文化等众多文化资源，阜新查海遗址、沈阳新乐下层文化遗址、辽代遗存凤凰山、延吉金岩和龙兴城遗址、后燕皇家御苑龙腾苑等众多古迹和遗址。拥有中共中央东北局旧址、江桥抗战旧址等众多革命纪念馆，拥有满族刺绣、鱼皮制衣等众多非遗项目，同时，还有朝鲜族、鄂温克族、赫哲族等民族的传统节庆活动，是多民族文化共生的区域。

第二，文化产业发展的世界性。东北地区文化资源丰富，拥有多个国家级历史文化名城，也是拥有世界文化遗产最多的区域之一，区域内还有相对成熟的辽宁五点一线沿海经济带，区域内的白山黑水文化、多民族和谐共生的文化、热烈的民俗文化、深沉的红色文化极具特色。此外，松辽文化产业带还是老工业基地，工业基础厚重，交通等基础设施发达，文化旅游业也有一定基础，国家振兴东北的决心和信心更是发展的强劲支持。而且，松辽文化产业带也是我国教育、科技水平发展程度较高的地区，大连、哈尔滨、长春、沈阳等中心城市，是我国高校和科研院所比较集中的地方,文化产业的发展具备一定的智力实力。比如,辽宁省培育了广联视通等新型广播电视传媒集团。黑龙江省委、省政府重点打造了大型国有文化企业集团——文投集团。集团综合运用融资、担保、基金、产权版权交易等金融工具,充分发挥国有企业的资源优势,整合全省金融资源,将金融机构、文化企业、政府参与进行系统化链接,为文化产业发展服务,不断实现文化产业发展的效益、影响力、认同度的提高。辽宁省依托沈阳经济区,设立了中部城市群文化体制综合改革试验区;依托辽宁沿海经济带,设立了大连、丹东沿海沿江文化创意产业先导区;依托辽西北战略,设立了辽西特色文化产业区。东北地区多个省市打造的中国冰雪旅游推广联盟也已列为国家级项目。

第三,东北地区是我国北方经济的集聚中心,拥有密集的大城市群和完善的现代交通体系,文化资源有特色且丰富,文化产业的各种要素齐备,区域内外文化旅游的互补性非常强并且合作优势明显。松辽区域具有很好的传统文化基础。红山文化是中国文化的源头之一,历史上多个少数民族曾在这里建立政权,民族特色鲜明,这些都是可利用的文化资源。松辽区域也是我国对外文化交流的核心地区之一,是东北亚重要的文化出口地区,外倾能力和优势非常突出。

(二) 建设松辽文化产业带也不能忽视区域的不利因素和条件

第一,历史和自然条件的双重限制,使得松辽文化产业带内的文化资源向产业进行转化的比例很低,文化创意产品的内涵还远不够深刻和丰富,可以说,松辽地区文化产业的发展还比较粗放,而且松辽区域内部各地区的文化发展也很不平衡。

东北地区经济发展近些年比较迟滞,在全国排名都比较靠后。东北还有一些老、少、边、穷地区,是国家重点扶贫地区,人均产值和人均可支配收入都不高。经济发展慢和可支配收入较低也导致了在文化发展投入上的无力和不足,文化资源也无法在保护中被开发利用和转化。东北地区文化发展也相对比较滞后；文化产业自身缺乏世界眼光和格局，对世界级的文化遗产和特色文化资源的创造性利用，也还没有形成明晰的发展定位，文化资源的挖掘和文化产业的培育与振兴以及与现代文化产业发展的前沿结合得也不紧密。

第二，就整个东北而言，顶层设计中应有战略思维，在大东北的区域概念中再定位各自的文化产业发展规划，要在系统的格局和整体中考量，形成系统的互补和系统的方方面面的新属性。而没有大东北大松辽理念的构思和想象力，就不太可能形成大东北区域特色文化产业的规划，单枪匹马或许会有短期的效果，却会带来新的困境，更难形成文化产业发展的保障机制，也很难撬动社会资本的投入。

第三，还没有形成极具松辽标志的国家级的高端项目，没有形成能够带动区域文旅、文娱等业态裂变发展的大龙头企业，缺少实践环节的检验，也无法提升指导普遍的结论。

第四，新媒体时代的手段其实很多，但如何利用最有效也能最直指人心的技术手段把松辽区域丰厚的发展史诗转化成民众喜闻乐见的文化民生，让松辽区域文化的影响力与拥有辉煌品质的文化资源相匹配，还需要好好探索。

第五，虽然个别文化馆、博物馆有各自的文创品牌，但就松辽区域整体而言，还需要有更具影响力和说服力的大文化创意，要提升文化差异的层次和品位，为松辽区域整体的文化产业提供多元的参考，文化活动也需要凝练和发挥大松辽品牌效应。

第六，在全球化背景中，在文化绽放生命力和生产力的今天，松辽区域的文化产业还没有形成整体参与国内外竞争的核心竞争力；一些文化特色产业还处在分散经营状态，文化产业所需要的人才还远远不能满足需要；文化创意产品数量少而且附加值也不高，投入和产出还不太相适应；文化市场还不成熟而且文化产业链也还不顺畅，后续发展乏力。

第七，一段时间以来，松辽区域文化产业的开发有重要的实践探索的价值，但没有科学规划和战略格局的发展，是要付高昂代价的。文化产业虽然需要纪念、展示和合理利用先辈的光荣，但其指向更应是当下民生的改善、文化的自觉和未来的富足。

三、在松辽区域经济社会发展的大趋势中探索城镇化道路

李克强总理强调："振兴东北地区等老工业基地，要进一步解放思想，更新观念，最终要靠改革激发东北的'内生动力'，向改革要红利。""要靠改革激发上亿东北人的积极性，释放巨大的市场潜力和社会活力。"松辽区域文化产业的整体规划应有针对性，要引领松辽地区经济社会的发展，提升松辽区域产业竞争力。因此，东北地区各省市相关部门及规划编制者要充分认识规划的重要性，并重点关注区域文化产业特色、特色文化资源和产业环境，并将这种特殊性务实地体现在规划中。

文化产业化与产业文化化，是双向互构共生的过程，以此发展的城镇，追求的精神家园同时也是文化精神的表达。特色城镇必须具有可以深度发掘的历史人文内蕴、彰显特色和文化个性的符号，重拾归属感、使命感和荣誉感的典故和事迹，特色城镇建设的缘起就在于有区域历史人文的资源禀赋做底气，还要有一个或多个可以挖掘文化附加值的特色产业做基础，最重要的是还能使产业与文化、生活跨界融合，把文化作为产业发展的内生动力从而形成核心竞争力。因此，发展文化创意产业必须与城镇建设相结合，将文化创意融入城镇的规划建设中，赋予产业发展以更多的文化供给和文化内核，使特色城镇因文化的积淀获得持久的生命力和发展力，让特色城镇的宜居性与人文性并重的同时，为区域文化的可持续发展开辟更多的产业路径，实现松辽区域大协同、环境保护与民生改善、区域历史文化传承创新的多赢。例如，依托"国家湿地公园""中国乡村旅游示范点"，中国（乌裕尔河）湿地旅游文化节不仅将松辽地区的自然与人文的生生和谐之

美做了推介，而且，乌裕尔河湿地科普文化宣教展、"民族风湿地情"——达斡尔族、满族、柯尔克孜族、蒙古族等多民族文艺节目大型系列活动展演也使得龙腾湿地公园被熟知并成为黑龙江省富裕县文化旅游的新增长点，更使松辽区域文化与经济发展同获平台共同受益。富裕县还将建成"通航产业集聚示范区"，把国家湿地公园、民族风情园、柯尔克孜族旅游村等进行改造，把"特色民族风，湿地生态游"做成该区域文化产业的发力点和新引擎。

松辽地区乡村博物馆建设也是一种设想。也就是把整个村镇打造成文化、生态、宜居的乡村博物馆。乡村博物馆首先是人生存的家园，博物馆不是乡村之外的"两层皮"，它就是老百姓日常生活的一部分，只不过比从前更有趣、更雅致，也更有一些可以独处和审美的空间。乡村博物馆的建设，首要的就是挖掘松辽区域特定村落的历史文化，确立乡村审美品牌塑造支点。利用和提升民众的村落情结和往古之梦，把握国家大力推进乡村建设的机遇，讲好松辽地区每一个人每一个乡村的故事。

当然，讲好这系列故事的前提，是要让每个身处其中的普通民众都能有审美的意识、审美的能力、发现美的眼睛和探索美的愿望。我国广大的农村之所以没有成为天然的乡村博物馆是因为民生的困顿、城乡的差别、教育的缺乏；但也许很大程度上也与村民审美的自觉性的匮乏有直接关联。与商业打造的城市相比，乡村与自然共生，天地之大美已成为人们习以为常的常驻背景，因为惯常而被忽略。村民既是美学教育普及的对象，更是发现乡村之美的主体和创造者，他们对土地、庄稼、手艺的珍视以及淳朴与善良天性本身，就是发现大美必备的特质。我们若不能回到纯真的状态，就真的不能进入真理的领域。在绝大多数的乡村经济都被时代远远落下的时候，村民最需要的是摆脱贫困走向富裕。在把家乡建成富裕的生活乐园的路径上，文化产业化和乡村美学教育获得了接轨的时机。在乡村发展经济的某些路段，让文化产业被村民自觉发现和提炼出来并把优良传统、美好情怀变成更高发展阶段的文化自信，才能走上一条具有中国特色的乡村发展之路。让我们惊喜的是，乡村的人文理性正在复兴，村民不竭的创造力正在被激发。乡村博物馆首先是一种生活方式，然后才是旅游方式和产业模式。乡村博物馆建设是乡村建设中的文化唤醒，这种生活方式的倡导，会让乡村和非物质文化遗产都找回价值和尊严。

四、依据松辽区域资源禀赋决定发展方法

如何在新型城镇化背景下，在资源富集的松辽地区通过文旅融合，运用创意经济手段，提升城镇的文化魅力，用文化产业化带动文化就业，提高文化民生，是当前松辽地区乃至中国转型升级的重大课题。近年来，千篇一律、大拆大建的产业模式给许多文化区域造成了新的破坏，松辽地区亦是如此。当前，松辽地区经济社会的发展需要有针对性地解决文化资源分散、生产方式陈旧、所需要素缺乏等问题。在国家经济区规划、区域规划、行业规划甚至民族宗教政策等的多重考虑下，布局松辽地区的公共文化服务、文化遗产保护、文化产业课题，把经济发展与生态、文旅、科技等交叉融合，还需要理论总结、理论探索和实践推进，我们希望通过对松辽个案的研究为国家文化治理提供一种参考路径。

文化旅游也正日益成为松辽区域的文化产业支柱。让冰天雪地和白山黑水成为"金山银山"，已成为东北地区各省"十三五"时期的共同目标。这个共同的愿景和目标是推动区域本身的地缘优势转化为切实的经济效益，形成大东北文化聚集区，建设松辽文化产业带，培育区域新的经济增长极的供给侧。现在，加快松辽文化产业带建设的物质基础都已具备。如，黑龙江省确立了民族文化与生态旅游示范区、全国特色旅游示范区的发展目标，进一步提升"冰雪旅游""湿地游"等旅游品牌，发展了"中国乌裕尔湿地"、航空小镇等特色旅游城镇。辽宁省的沈阳经济区是国家新型工业化综合配套改革试验区。东北地区各省都积极拓展融资渠道，黑龙江文投集团和辽宁省广联视新传媒

等文化金融都吸引了大量社会资本参与到文化产业带的建设中。

第一，松辽文化产业带的发展要积极参与国际竞争，注重发掘与国际接轨的文化产业。我们参考《中国文化报》的调查结果，可以看到，从美誉度、核心竞争力等4个维度进行考量，已经举办了35届的哈尔滨冰雪节在国际最负盛誉，除此之外，松辽区域内的长春瓦萨冰雪节、内蒙古冰雪那达慕，都是我国冰雪旅游的标志品牌。但松辽区域的冰雪旅游产业链条还需要深度挖掘，在文创产品开发领域还需要深度开发，只有在更广阔的背景中定位文化产业，才能更客观地安排自身，才能使文创产品走向世界，让世界各地遍吹"中国风"。

第二，要突出东北地区民族文化的特色，凝练有典型东北民族特色的文化产品和服务，重点发展东北地区民族文化旅游。让浓郁的民族文化风情转化成文化旅游资源，蜕变成异质性的别具风格和有市场价值的文化创意和文化产品。松辽地区民族手工艺产业的发展意义不仅在于经济收益，更是文化传承的重要载体，要强化文化旅游产品的民族特色和民族手工艺产品的开发。要充分利用松辽地区的非物质文化遗产，打造一批把浓厚民族文化风格与现代审美完美融合的文化艺术产品，投放到文化消费市场，构建顺畅的文化产业链。

第三，将松辽区域内的历史文化名城、特色村镇进行升级，让文化特色产业实现集约化、市场化和系统化。例如，齐齐哈尔市博物馆在文创产品研发方面，积累了非常多值得推广的经验。博物馆挖掘自身潜力，定位自身优势，形成了品牌优势。博物馆将文创产品创意与商业产品创意相结合，聚焦齐齐哈尔历史文化、民族文化和地域优势，成立研发团队，建立研发机制，借助每年年底民俗生肖文化展，齐齐哈尔市博物馆制作和装裱的"卜奎第一福"，是第一个被热烈追捧的文创产品。现在，博物馆已开发出梅瓶等五大系列三百多个品种的文创产品，少数民族文化系列、非物质文化遗产系列等十个系列四十个种类一千二百多个品种。文创产品展销厅中的达斡尔族人偶哈尼卡克、满族刺绣等琳琅满目。作为齐齐哈尔市文创产品的最大展销平台，不断丰富的文创产品也吸引了越来越多的国内外参观者，游客同时把齐齐哈尔的历史文化和文创产品传播了出去。据说一次就购买上万元文创产品的国外游客很多。当然，保护个体民族民间手工艺产品的知识产权，引导规模化生产保障与市场连接也同样重要。

从松辽文化产业带发展的现状来看，依然还是创意不够足，规模不够大。正如齐齐哈尔市博物馆工作人员所说，仅靠博物馆自己根本没有办法满足观众多样化的对优质产品的需求，因此，博物馆还积极和有实力企业联合搞研发和销售平台。齐齐哈尔市博物馆的研发团队，包括本土书画家、非遗项目传承人，也包括域外知名文创产品创意名家等。例如，留德回来的陶瓷器制作人张一健，利用五大连池火山泥制作的瓷盘等、用依安县陶土制作的茶具等，物美价廉且工艺考究又有厚重文化底蕴，所以很得市场和收藏者垂青。博物馆还与国内十二所高校的艺术学院建立了合作基地，为文创产品的研发和销售等拓宽了渠道。博物馆还在探索与景区合作、实行代理制等让文创产品传播推广的新路径。特别是东北地区振兴规划对东北地区规模化的文化旅游做的总体设计和定位，如开发和实施冰雪旅游、森林草原湿地旅游、火山温泉旅游、工业旅游、农业旅游、文化历史旅游、边境旅游、滨海旅游等，表明大数据时代为文化产业的带状发展空间布局与国际化提供了广阔的舞台。研究这些新变化，把新业态的冲击转化为转型和蜕变的机遇，把创意设计和增值服务业进行升级，增强多种力量和手段的协同创新，走集约化、规模化道路，同时利用好国内国际两大市场，实现松辽文化产业与松辽区域经济社会的共赢。

五、文化资源向文化生产力转换应遵循的原则

文化地产需要运营成文创生态系统，有文化泉源滋润的文化产业才可能茁壮。松辽区域是我国文化资源高存量的区域，松辽各地遍布独特的文化资源，这些丰度高、存量大的资源需要优化利用和整合，需要优质设计和开发，需要研究、分类、检视，更需要立足长远设计

当下，需要发现和科学利用那些可持续开发的资源，把文化资源向文化产业和文化生产力转换，把文化资源变成松辽区域经济发展的优势。

（一）战略性与阶跃性原则

文化资源向文化产业转变进而变成现实的生产力甚至变成直接的财富，需要积累和渐变。松辽区域范围广大，区域内部也有很大差别，所属各个省市都应根据各地实际情况分析和挖掘适用于自己文化资源类型和特质的路径，有理论、有依据、有计划地进行区域文化资源的开发利用。

首先就要对所在地的文化资源进行持续的梳理。文化资源本来就是人与自然共同作用的结果，因为有了人的活动和创造，自然界才一步步成为"人化自然"，人也因为创造了自然中原本没有的程序而成为文化的存在，人所生活的世界也因之成为文化的世界。而自然中的资源，若要变成文化资源再变成文化产品，更需要人为程序的加入，没有人的实践和认识与之关联，自然只是自然而已；而经过人的取向的实践也就是文化的创造，自然才实现文化化；那些不为人知和已为人知的、已发掘的和潜在的，特别是流落在民间的文化资源，需要被重新发现，更需要被系统考证。微观领域的不断突破，一定会带来松辽区域全局的文化资源深层内涵的不断揭示。因此，每一个微观区域都应在松辽大区域的定位中，用对历史、对先人、对今天、对后代、对未来负责任的态度，好好发现、整理、界定和明晰各自文化资源的数量、属性、规模、状态、潜质、独特性、核心竞争力等，为文化资源的开发和路径选择打好地基。

其次要用各种科学方法和手段进行差异化规划。各省市各地区的文化资源会有不同，但规范的科学方法和评价标准是普遍适用的。文化资源所具有的开发要素、价值因子、保护情况、开发空间、发展能力等是我们必须关注的，特别是有些文化资源目前可能还看不到它们的价值甚至连开发手段也还不具备，这更需要远见和胆识，让这些还比较模糊、还处在意向中的文化资源得到前瞻性保护，也要因地制宜，探索合乎资源自身的载体和合乎区域自身特点的开发模式。

（二）优化性和层次性原则

松辽地区资源丰富，经济价值和市场价值一片蓝海，但目前还处在分散、粗糙的开发状态，要素之间还没有因为系统的整理而形成优势互补、互相依存、协调发展的大松辽文化资源的优化。只有把各自独立的、分散的文化资源进行整合才可能形成人财物大协同的平台和场域，才能有效规避同质性的建设和开发，形成集成效应，才能获得更多的市场关注，进而获得更多的市场份额。

在松辽大文化产业的战略中推进区域联动。区域的资源合力需要整体把文化资源的结构和分布定位，合理调配和布局，既要在时间上也要在空间中把资源进行富有想象力、创造力的切换和配置，还需要设立大区域文化产业整合和协同的机制。以东北振兴规划中的旅游定位为例，项目开启了松辽文化旅游资源整合模式。它的实施过程也必会把满族、达斡尔族、鄂伦春族、鄂温克族、赫哲族、锡伯族、朝鲜族等松辽地区少数民族的史诗、文学、艺术、服饰、民俗、生命的表达加以推介，也必会把来自松辽各地区城市乡村的民生特色和文化品牌进行展示。国内外大量游客的参与，在大大提高松辽地区直接经济效益的同时，也必会把松辽区域文化进行宣传和评价，也必会有更多的人关注和传讲松辽故事和中国故事。

（三）持续性与创新性原则

释放文化生产力、发展文化生产力，需要实现文化资源与区域经济社会发展之间的良性互动，需要使区域文化资源的有序利用与区域经济的舒展之间达成动态的平衡。对于区域文化资源的开发来说，应该有底线、有计划地发掘和利用，让资源文化经济效益最大化、最优化，让文化资源永续利用，以活态传承和保护性利用的方式，不断获得新生。

要积极开发和拓宽文化科技支撑。创新是文化发展的根本动力，新媒体新技术时代，文化存在和保存的形式与手段、文化传播和交流的媒介与技术都获得了更多改善和提升，《数字敦煌》给文化资源保护以非凡启示。这些保护的手段使得文化资源更具有了超越时空的存在可能，而且，这些手段和技术也成为文化产业发展的新资源、新保障和新业态。

松辽文化产业的发展要摒弃狭隘的功利的思维方式，代之以松辽区域作为一个利益共同体的理念，要树立人与文化资源共生共荣的思维方式；要革新粗放型的文化资源开发方式；要树立文化消费主导、追求生活质量和文化品位的生活方式。要通过对松辽区域文化可持续发展的研究和普及工作，使民众树立求真、向善、审美的文化价值观及相应的文化生活方式以及合乎公平的文化资源利用方式；引导和激励人们重建文化家园，重拾文化信心。

将"松辽文化产业带"建成更具实力的具有多层次人文合作机制的东北亚文化交流的窗口和场域，让丰富的历史文化遗产都变成可以讲说的故事，变成现实的文化生产力。"松辽文化产业带"建设承载着松辽人民对区域协同大发展的追求，是东北地区各省市文化资源共享、发展成果共享的时空演练场。东北老工业基地要抓住发展机遇、调整发展节奏、优化战略格局，构建"推动融合发展"的舆论引导，增强文化的表现力，解放文化生产力，让承载着松辽人民的凝聚力量和对外交流渴望的文化产业带，在加强与东北亚与世界文明的交流和交往中，更好地传播中国声音。

第十一章

松辽区域文化可持续发展研究的启示

第十一章　松辽区域文化可持续发展研究的启示

一、区域文化研究的共性视点

每一种民族文化都有其鲜明的地域性、历史性、社会性特征，全球化将各种文化传统的历史延续同文化发展的时代集聚于一定的共同空间之中，世界文化呈现出多地域、多民族、多层次的立体结构。在民族文化心理深层结构的共时性层面中，总是蕴含着发展变化的历时性的内在冲力，激荡着历时性的生命跃动，向我们展示出人类心灵历史发展的丰富性和广袤性。

一个人、一个民族、一种区域文化甚至一种文明所关怀的基本问题，始终是其自身的命运：既要探讨这个人、这个民族、这种区域文化甚至这种文明自身的现状及历史渊源，又要寻求实现自由、诗意和逍遥生存境界的道路。纵使这种寻求依然还是西西弗斯的石头，也要毫不犹豫地把它不断沿着山势推起。在课题研究过程中，我们发现预期的研究时间其实并不充足，课题申报时忽略了一个重要的问题，那就是"课题也是人生的大选题"，更是我们不断了解家乡文化、普及家乡文化、唤醒文化自觉、焕发文化生产力的生命的过程，这真的需要有多年的积累和深厚的情感，更要有使命和情怀。而且，近几年来，随着国家层面对文化建设的重视和推进，文化研究与实践都释放了空前的生命力，文化的大发展迎来了更新更美的春天。走进历史深处，就是走进生活深处，更是走进文化深处。松辽大地民众火热的生活是我们创作的泉源，所以，虽然没能按时结项，但我们特别感谢时间的累积和馈赠。纵观人类社会发展演进的历史，其实就是不同区域、不同民族在文化场域中相遇相知的历史。古往今来，文化独特性或特殊性主要来自两个方面的因素：一是在生活空间上地理环境的特殊性和固定性；二是在历史时间上文化发展的独立性和渐变性。地理环境对文化的影响形成了不同区域、不同民族生活方式的特殊性，而历史时间对文化发展的影响则保证了区域文化、民族文化演化的纯正性。

文化同时具有的时代性演进和地域性展开的特性，使不同国家、不同民族的文化都在各自确定的特定的历史、地理、人文等内外部环境中形成并发展，也不可避免地会带有特定地理条件和历史条件的印记。因此，每一种民族文化都是共性中的个性，一般中的个别，都有其各自鲜明的地域性、时代性、历史性、社会性等特征。

区域文化的可持续发展研究应同时查察当代区域发展实践和哲学发展前沿，从哲学视域对其可持续发展进行诠释，发掘其价值底蕴，着力于引导区域民众树立可持续发展观，着力于对区域发展实践的价值检讨。着力面向区域大发展的未来，探寻区域文化可持续发展的路径和发力点，展示可持续发展研究的文化特色和中国特色。

区域文化可持续发展研究的难度还在于如何更好地在区域文化个体、区域文化之间、区域文化个案与中华文化的一般、中华文化的一般与世界文化的普遍等多者之间的个别与一般的多重关系中进行发展的研究和定位。

对区域文化个案的研究离不开与他者的比较，把一种区域文化与其他一种或多种区域文化，甚至世界范围其他区域或民族文化进行对比和观照，将使各自的特点都更鲜明。区域文化研究的理想目标是通过解剖式的个案研究，对当代中国区域文化发展贡献出可资借鉴的理念、思路、方法或经验。

区域文化可持续发展研究既是理论性研究，更是"永远在路上"的实践。研究既是"一个人的机锋"，更可以说是"多个人的智慧的对话和碰撞"；只有把区域文化的发展置于不断的创造和创新中，这种文化才能够追求不朽和卓越,才能不断创造历史;也只有把区域文化本身视作有生命力的东西,我们才能真正理解、认同和发现它的文化之美、文化之奇、文化之妙和文化之用。

二、区域文化研究的优化性目标

区域文化研究需要通过对一种区域文化的个案研究,提升出对当代中国地域文化发展具有普遍性、借鉴性的结论或经验。毕竟,人类所有的探索和生存实践的最终指向是对现实生活的不断超越。如果不努力挖掘、梳理、发展和创新我们的区域文化,我们永远都追赶不上那些正在可持续发展中的文化。

文化的发展其实很有意趣也很有旨趣,它不但可以把文化的结构、文化的动力和张力暴露无遗,还可以将文化的性格展露给世界。可持续发展的文化是可以掌控自己的文化。这种文化会找到属于自己的发展节奏,在相对较长的一段时间里按照这个节奏去发展自己。可持续发展的文化是可以享受寂寞的文化。当我们按照这种文化本身的发展节奏持之以恒默默努力,尽管无人同行,但因为找到了属于自己的和独特的核心竞争力,文化建设就一定会大有提升。可持续发展的文化也一定是有目标、有毅力的文化。当一种区域文化走在可持续发展的路上,就一定会把那些正在犹豫和踟蹰的文化远远地落下。

课题通过对"松辽文化"这种区域文化进行系统化研究,提炼其中具有普遍价值的资源,并进行批判性解释和创造性转化,从而为文化变迁、转型中的应对性分歧、认同危机及其重建提供一种视点。针对当前对"松辽区域文化"基础性论述较多,系统性探讨较少的现状,力图从文化的时代性演进和地域性展开中探讨区域文化的个性与可持续发展的深层次问题,将区域文化融入中华文化的发展中,为传统与现代的结合寻找支点。阐述"松辽区域文化"与中华文明认同之间关系的重要性及其发展特征,强调从对象的特殊性和个别性方面来叙述对象的发展,更有助于我们从丰富多彩的区域文化的历史偶然性中探明整个中国文化乃至世界文化发展的深层次的必然性。

对文化进行分区考察和实证研究的目的是要在全球化背景和中华文明的宏阔气象中，在中心与边缘、自我与他者之间的错综复杂关系里，用镜像理论分析在他者的视野中的区域文化的本真样貌，避免单纯的"乡愿"，也力戒单纯的文化想象，必须明了在他者的镜像中，任何一种文化也许都远远不如自己期待的那般美好。区域文化研究是希望在对这种文化的重塑和展示中，使人们重新并且正确认识区域文化，而非误读。

将区域文化进行整理、研究和推介的目的也在于让"所有可能"的他者之外更多的他者对这种文化的判断降低成本。"发现松辽文化"的工程，正如王岳川教授所提出的：是要考察这种区域文化中的哪些部分已经消失或永远不复存在了？哪些部分变成了只可被收藏或只具有考古意义？哪些部分虽然成了片段或断片但却可以被重新连接和整合到当下的文化发展中？还有哪些部分可以被发掘出来，变成对中华文明的区域表达形式，能够对中华文明之外的"他者"言说中国文化，更有理有据地回应西方的质疑和对话？

观照松辽地区区域内各个文化主体的特质并进行文化资源的整合，调动一切积极因素，形成松辽大区域文化共同发展的合力，会使松辽地区丰富多彩的文化间所具有的较强的互补关系实现经济学意义上的帕累托改进，以差异为基础，实现差异中的同一，通过构建区域文化资源开发的联动机制，获得更大范围文化市场的互补效应，实现大区域内各自利益的最大化。

美国著名的社会学家丹尼尔·贝尔说："最终为经济提供方向的并不是价格体系而是经济生存于其中的文化价值体系。"[1] 区域文化研究还旨在对"区域文化+"模式进行探索，为文化与经济社会各个领域

---

[1] 丹尼尔·贝尔：《资本主义文化矛盾》，严蓓雯译，北京：生活·读书·新知三联书店，1989年版，第169页。

的更广范围、更深程度、更高层次的创新融合，推动业态裂变，为实现发展结构和发展驱动的优化，为提升文化产业的生命力和发展力贡献思考和思路。毕竟，对文化或经济社会发展的要素和主体而言，永远都是"独行快，众行远"。

"区域文化+"不仅是大东北经济连绵区——黑、吉、辽、内蒙古东部等文化的区位意义上的简单叠加，还要是文化诸要素本身和区域内文化资源的整合、消除区域内各文化主体间的行政壁垒、统筹松辽区域经济社会发展的方方面面，进而是"文化+"、"生产力+"、"互联网+"、"创意+"等要素的整合，目的是要获得系统论中整体大于部分之和的系统的优化性。

"区域文化+"模式不仅是发力供给侧的顶层设计，更需要有来自基层和民众的认知、认同和探索；"区域文化+"模式的研究、探索和推介将构建和汇聚区域大协同实践中的顶层与基层相结合、发力供给侧与应者云集的恢宏场域，为区域大协同背景下的文化产业化发展注入强大生命力和动力，进而也必将凝练出惠及世界的富有中国智慧的发展经验。

将区域文化可持续发展的思维方式融入并应用到广阔的社会实践领域中，一定会让公共文化服务为区域民众带来更大更多的文化"获得感"，而这种"因为获得"而不断充实和丰盈的实践，也一定会为更多相关文化行业和产业链发展提供更持久的动力源泉，为更多文化产品找到新创意、新思路和新出路，进而，为整个中国的文化产业发展提供新动能。而且，最重要的是，它会让越来越多的自在自为的人都能实现从"自然而然的生活"向"文化生活"的转变和跃升。

三、成果存在的不足和尚需深入研究的问题

通过实地考察和调研，获取松辽民众对区域文化认知情况、松辽区域文化的基础理论研究状况、东北地区各级政府对文化建设的投入情况、文化供给侧结构性改革情况、松辽区域文化性格的培育情况、

松辽区域文化普及与创新情况、松辽区域文化认同与文化自信情况、松辽区域文化产业化的格局等数据信息和文献资料。在此基础上，提炼出松辽区域文化可持续发展的影响因子，对松辽地区文化资源综合竞争力的优势和劣势进行分析，按照产业竞争力原理、要素结构与竞争力系统的关系原理等理论方法，对松辽区域文化和其他区域文化的可持续发展的路径进行比较分析和量化评价；然后运用文化哲学、文化地理学、文化史学、社会学、战略学、经济学、民族学、民俗学、传播学、旅游学、文化创意产业学等学科理论或体系，以及其他与文化传承相关的理论，对松辽区域文化可持续发展的原则、目标、体系和布局进行分层次和分类别的研究，同时对松辽地区文化产业发展进行了探索。在具体方法上，运用了文献收集和整理、田野调查、问卷和访谈、统计样本和数据挖掘以及文化产业战略设计等方法。

区域文化的可持续发展研究应力求站在现代实践和哲学发展的高度，目前，在区域文化可持续发展的理论研究和实践方面，还没有可资借鉴的研究范本和先例。因此，课题研究面临着许多需要突破与创新的内容和领域。松辽区域文化可持续发展研究是建立在深入和比较全面的文献调研和现状调查及相关数据的分析比较基础上的，课题的实践性、应用性来自区域文化发展对实践性和应用性的诉求，区域文化可持续研究既是一个理论创新的学术空间，更是一个实践战略的课题。

由于时间和精力限制，研究在选取松辽区域文化可持续发展的影响因子和指标时，共选取了八个主要影响因子。尽管具有一定代表性，但每个文化区域也还有很大不同，即使是松辽区域内的各省也还有差异，因此，还需要更细致地构建既有文化共性也兼具文化个性的指标体系。

理论研究和实证研究本身也不可避免地存在一定缺陷。评价标准、影响因子、指标体系的构建，数据的获取、提炼和总结都会对研究结果的准确性产生影响，未来的研究将更严密地对以上情况进行科学考量和规范,力求更接近准确的分析结果和结论。

本书所涉及的实证分析中的部分数据的获取仍存在一定的难度,个性中总有一些是共性所不能涵盖的,因此,在下一步的探索中,将尽力获取更为全面有效的数据。

四、研究者心路历程的文化自觉

对于课题研究而言,研究者的角色很重要,是马克思所说的"一切社会关系的总和":既是这种区域文化的亲历者,又是这种文化的身份认同者、续写者和历史剧中人;既是感性的文化的接受者又是文化研究中的"理性人";既是家乡人又是如伽达默尔所言的"要学会超出短视、狭隘、咫尺去研究——不是为了远离它而去研究,而是为了在更大的范围和视野中按照某种更真实的比重更清晰地去描述",而且,必须始终力戒轻率地把研究变成一厢情愿式的"乡愿"。

调研不仅采用了网上调查,更是深入到松辽地区 20 座城市、40 个县城、205 个村镇进行实地的调查和访谈,调研人数约 60000 人。课题组还持续关注了 2012 年以来《中国文化报》的每一篇报道,特别是国家宏观层面的文化供给侧方面的报道、东北地区的所有报道、区域文化建设方面的经验介绍等。当然,我们在报道中也以特别的方式感受和融入了各地区人民火热的生活中。调查还参考和援引了其他课题组的相关调查数据。课题组成员还就研究思路、研究方法、调研报告的框架、政府层面的文件和数据等多次咨询专家学者和相关政府工作部门。调研使我们有机会亲历了松辽地区民众各种各样的生存状况,也触摸到了民生的最底层,也体会了他们的忧伤并分享了他们的喜悦。

可以说,所有历经之地、所有被访谈的对象、所有的问卷参与者、所有被我们咨询的学者和机构,都是区域文化可持续发展的亲历者和建设者,他们是我们调查的对象,更是被我们文化普及和文化唤醒的对象;区域文化的调研本身,也是课题组本身、是所有被调查者共同经历的松辽文化的梳理和再现的过程,是"松辽区域文化"被演绎的过程，亦是所有其他区域文化被重新关注、被多人倾慕的过程，更是"松辽区域文化"被讲述、被传播、被推介的过程，是我们每个研究牵涉对象的又一次爱家爱国的表达。

研究还需要有多年的积累和深厚的情感，更要有使命和情怀；正如著名的爱国诗人陆游在他的《病起书怀》中所说："位卑未敢忘忧国。"

每一次田野调查的过程也是传播、宣传和推介这种区域文化的过程。研究者作为一名大学教师，一名哲学社会科学工作者，本身也承担本科、研究生的教育教学工作。同时，作为北京市八个本科生、研究生社团的指导教师，也时时在为"松辽区域文化"进行宣讲和推介。几年间，利用这种身份已与六千余名本科和研究生同学进行区域文化专题访谈，获得访谈记录六千余份；此外，还在东北各地进行问卷发放，并进行网上问卷调查；感谢课题组成员对赫哲族民族文化所进行的切片式的专题研究；感谢黑龙江省、吉林省、辽宁省相关部门的支持和协助，感谢笔者所走过的四十余个县市两百多个村镇，感谢我的父老乡亲对我的厚爱和信任。这一切鼓励让我们成长！

研究者也要深深爱上研究的选题，爱上所属的区域文化，爱上研究本身；要深深体会王国维为人为学的三重境界，并且，最终回到"山还是山，水还是水"的纯净和安宁。

我们还需要被深深地认可、信任和鼓励。感谢国家把这份荣誉和信任给我，让我有机会为我的家乡、为我的民族、为我的祖国尽上衷心和本分。正如美国著名心理学家罗森塔尔和雅格布森为我们解释的"皮格马利翁效应"的结论：期望和赞美能够创造奇迹。

此外，还需要用不可复制的、"一生中不会有第二次的激情"来进行所有的研究。晋代左思在他的《咏史八首》中说：铅刀贵一割，梦想骋良图。铅刀的可贵之处是在"一割之用"，实现自己的价值。人生亦是如此。

亚投行行长金立群曾说过：如果我奋斗在农村的经历和结果只是

改变了我个人的命运，而没有通过我个人命运的改变，去改变那些与我朝夕相处的农民以及他们的子女的命运，那么我的人生就只能是失败而不是成功。

希望所有区域文化的研究者和文化自觉者都能获得这个意义上的成功！

我们生活在伟大的时代，时代给了我们不断思考和深化的新命题，给了我们更好的生存空间和生存质量，我们也愿意将所有的聪明智慧和才情都融入伟大祖国、伟大人民科学发展的实践中，与所有愿意觉醒和自觉的人们一起，共同创造和实现伟大祖国的庄重与成熟、富足与尊贵、光荣和梦想！

感谢时间的磨砺和馈赠！回望研究历程，曾经阻隔和遮挡我们的迷雾已经渐渐消散，曾经遇到的困境和难题已经逐渐被破解，曾经的迷惑、煎熬和苦痛是那么渺小，而所有的挫折、磨难、磨砺和奉献是如此值得。

最后，每一个人都是区域文化的创造者和剧中人，应该把课题研究做在家乡的大地上！我们相信：区域文化的可持续发展就是生活、时代和历史授予我们最珍贵的勋章。

参考文献

[1] 马克思恩格斯选集［M］．北京：人民出版社，2012．

[2] 马克思恩格斯文集［M］．北京：人民出版社，2009．

[3] 习近平．习近平总书记系列重要讲话读本［M］．北京：学习出版社、人民出版社，2016．

[4] 习近平．决胜全面建成小康社会　夺取新时代中国特色社会主义伟大胜利［M］．北京：人民出版社，2017．

[5] 习近平谈治国理政［M］．第一卷．北京：外文出版社，2017．

[6] 习近平谈治国理政［M］．第二卷．北京：外文出版社，2017．

[7] 习近平新时代中国特色社会主义思想三十讲［M］．北京：学习出版社，2018．

[8] 梁启超．饮冰室文集［M］．第39卷．台北：中华书局，1979．

[9] 莱斯利·怀特．文化科学——人和文明的研究［M］．曹锦清，等译．杭州：浙江人民出版社，1983．

[10] 崔瑞德，费正清．剑桥中国史［M］．杨品泉，译．北京：中国社会科学出版社，1992．

[11] 克利福德·格尔茨．文化的解释［M］．韩莉，译．南京：译林出版社，1999．

[12] M.E.斯皮罗．文化与人性［M］．徐俊，等译．北京：社会科学文献出版社，1999．

［13］麦克卢汉．理解媒介——论人的延伸［M］．何道宽，译．北京：商务印书馆，2000．

［14］衣俊卿．文化哲学——理论理性和实践理性交汇处的文化批判［M］．昆明：云南人民出版社，2001．

［15］王杰．国际机制论［M］．北京：新华出版社，2002．

［16］塞缪尔·亨廷顿．文化的重要作用——价值观如何影响人类进步［M］．程克雄，译．北京：新华出版社，2002．

［17］尤尔根·哈贝马斯．包容他者［M］．曹卫东，译．上海：上海人民出版社，2002．

［18］约翰·R.霍尔．文化：社会学的视野［M］．周晓红，等译．北京：商务印书馆，2002．

［19］特里·伊格尔顿．文化的观念［M］．方杰，译．南京：南京大学出版社，2003．

［20］斯图尔特·霍尔．表征——文化表象与意指实践［M］．徐亮，等译．北京：商务印书馆，2003．

［21］费孝通．论人类学与文化自觉［M］．北京：华夏出版社，2004．

［22］许宁，李成．别样的白山黑水：东北地域文化的边缘解读［M］．哈尔滨：黑龙江人民出版社，2005．

［23］黄继林．古巷探幽·扬州名巷——扬州历史文化丛书［M］．扬州：江苏广陵书社有限公司，2005．

［24］胡惠林．文化产业概论［M］．昆明：云南大学出版社，2005．

［25］李锡厚．中国历史·辽史［M］．北京：人民大学出版社，2006．

［26］何频．现代区域经济发展中的文化生产力［M］．成都：西南财经大学出版社，2008．

［27］关捷．东北少数民族历史与文化研究［M］．北京：北京科

文图书业信息技术有限公司，2007.

［28］李振远．大连文化解读［M］．大连：大连出版社，2008.

［29］徐子峰．红山文化辽河文明［M］．呼和浩特：内蒙古人民出版社，2008.

［30］席永杰，任爱君．古代西辽河流域的游牧文化［M］．呼和浩特：内蒙古人民出版社，2008.

［31］王明珂．寻羌——羌乡田野杂记［M］．北京：中华书局，2009.

［32］唐良弢．中国历史·喀喇汗王朝史·西辽史［M］．北京：人民大学出版社，2010.

［33］王修智．齐鲁文化与山东人［M］．济南：山东人民出版社，2010.

［34］肇恒玉，黄殿礼．魅力东北话［M］．沈阳：辽宁民族出版社，2010.

［35］费孝通．文化与文化自觉［M］．北京：群言出版社，2010.

［36］范震威．松花江传［M］．石家庄：河北大学出版社，2010.

［37］赵志裕，等．文化社会心理学［M］．北京：中国人民大学出版社，2011.

［38］王禹浪．神秘的东北历史与文化［M］．哈尔滨：黑龙江人民出版社，2011.

［39］范贻光，侯铁，王云刚．故园画忆之黑山白水大东北系列［M］．北京：学苑出版社，2011.

［40］张文玲．黄金草原——古代欧亚草原文化探微［M］．上海：上海古籍出版社，2012.

［41］康拉德·科塔克．文化人类学：欣赏文化差异［M］．周云水，译．北京：中国人民大学出版社，2012.

[42] 尼尔·弗格森. 文明 [M]. 曾贤明, 唐颖华, 译. 北京: 中信出版社, 2012.

[43] 高文麒. 山西三晋文化——文化中国系列 [M]. 北京: 经济科学出版社, 2013.

[44] 黄留珠, 徐晔. 中国地域文化通览（陕西卷）[M]. 北京: 中华书局, 2013.

[45] 袁行霈, 陈进玉, 周敬飞, 等. 中国地域文化通览（山西卷）[M]. 北京: 中华书局, 2013.

[46] 谷长春. 中国地域文化通览（吉林卷）[M]. 北京: 中华书局, 2013.

[47] 林声, 彭定安. 中国地域文化通览（辽宁卷）[M]. 北京: 中华书局, 2013.

[48] 宋彦忱. 中国地域文化通览（黑龙江卷）[M]. 北京: 中华书局, 2014.

[49] 陈根远, 徐卫民, 王其祎, 等. 发现陕西 [M]. 西安: 未来出版社, 2014.

[50] 郭湛. 主体性哲学——人的存在及其意义 [M]. 哈尔滨: 黑龙江教育出版社, 2016.

[51] 苏伶. 契丹简史 [M]. 北京: 民主与建设出版社, 2016.

[52] 刘丹. 金代女真文学的民族文化特征及其成因 [J]. 郑州航空工业管理学院学报: 社会科学版, 2006（05）: 85－87.

[53] 仇小敏, 高剑平. 发展文化产业与文化体制创新论略 [J]. 学术论坛, 2005（05）: 147－150.

[54] 万希平. 解读"文化生产力"——关于发展文化生产力的再思考 [J]. 中共天津市委党校学报, 2007（01）: 6－12.

[55] 刘黎. 论文化生产力是促进区域经济发展的重要驱动力 [J]. 湖南社会科学, 2009（04）: 5－11.

[56] 张铮, 熊澄宇. 文化产业发展的五种创新能力 [J]. 改革,

2009（05）：5—10.

[57] 罗能生，郭更臣，谢里. 我国区域文化软实力评价研究［J］. 经济地理，2010（09）：17—22.

[58] 王军魁. 文化改革发展中的政府与市场边界［J］. 重庆社会科学，2011（12）：15—20.

[59] 曾小华. 论文化生产力及其内涵、结构和表现形式［J］. 中共浙江省委党校学报，2012（06）：19—24.

[60] 顾江. 塑造文化品牌 提升文化产业发展［J］. 文化产业研究，2012（05）：13—17.

[61] 曲玉镜. 辽西地域文化检视［J］. 北方经济，2012（04）：18—22.

[62] 李梅英. 东北文化研究现状述评［J］. 长春师范学院学报，2012，31（04）：13—15.

[63] 李心峰. 中国非物质文化遗产保护的创造性实践［J］. 艺术评论，2012（10）：19—21.

[64] 程秀莉，何田芳，王燕妮. 第三届中美非物质文化遗产论坛在华中师范大学举行［J］. 民间文化论坛，2012（06）：113—114.

[65] 光映炯，毛志睿. 旅游场域中文化权力的生成与表达［J］. 思想战线，2013（01）：129—134.

[66] 路芳. 生产性保护下的仪式化展演——以国家级非物质文化遗产《亚鲁王》为例［J］. 贵州社会科学，2013（11）：88—92.

[67] 吴智嘉. 辽西蒙古文化的分布特征及其文化内涵［J］. 兰台世界，2013（33）：15—20.

[68] 李春华. 文化生产力：人类走向新文明的一种现实力量［J］. 贵州社会科学，2014（08）：6—11.

[69] 李成丽. 论文化生态保护（实验）区艺术资源的整合与传承［J］. 太原大学学报，2014（03）：90—92.

[70] 周虎生. 武术文化遗产生产性保护探析［A］. 体育文化遗

产论文集［C］．2014．

［71］李梦晓．人文关怀与市场思维："非遗"生产性保护的逻辑起点与现实应对［J］．云南社会科学，2015（02）：161－166．

［72］高扬元，孔德祥．传统技艺非物质文化遗产之生产性保护探究［J］．重庆大学学报（社会科学版），2015（03）：164－169．

［73］于小涵．浅谈东北特色文化背景下的民族认同感［J］．商，2015（51）：22．

［74］陈海玲．促进东北地区少数民族文化交融发展研究［J］．满族研究，2015（04）：122－125．

［75］何苗．初探东北地区满族文化的演变［J］．时代文学（下半月），2015（09）：127－128．

［76］王铁军．东北满族民居本土文化传承与发展研究［J］．吉林艺术学院学报，2015（03）：67－72．

［77］和萍，李玉明．东北地域文化在文化传播中的问题与策略研究［J］．音乐时空，2015（24）：84＋97．

［78］周青民，李秀云．东北文化与当代东北民间文艺的互动关系——以东丰农民画为例［J］．吉林艺术学院学报，2015（03）：19－22．

［79］徐艺乙．城镇化进程中传统手工艺的保护与发展［J］．贵州社会科学，2015（09）：78－84．

［80］詹一虹，龙婷．荆楚非物质文化遗产的生产性保护研究［J］．湖北民族学院学报（哲学社会科学版），2015（06）：7－13．

［81］彭栓红．元杂剧中的女真民俗文化［J］．民族文学研究，2015（04）：25－28．

［82］吕俊芳．辽西历史文化遗产的类别、特点与价值［J］．渤海大学学报：哲学社会科学版，2015（04）：23－27．

［83］范建华．带状发展："十三五"中国文化产业发展新趋势［J］．云南师范大学学报（哲学社会科学版），2015（03）：90－99．

[84]习近平：加大支持力度增强内生动力 加快东北老工业基地振兴发展[J]．共产党员，2015（15）：6—7．

[85]黎明．激发内生动力 加快振兴发展——学习贯彻习近平总书记关于东北振兴重要讲话[J]．共产党员，2015（15）：20—23．

[86]习近平：加大支持力度增强内生动力 加快东北老工业基地振兴发展[J]．中国党政干部论坛，2015（08）：3．

[87]蒋多．我国非遗的国际化路径探析——基于生产性保护理论与实践的视角[J]．遗产与保护研究，2016（01）：88—93．

[88]张淑梅．内蒙古艺术产业集聚区体系构建研究[J]．内蒙古大学学报（哲学社会科学版），2016（02）：31—36．

[89]韩成艳．非物质文化遗产保护的"整体性"理念与实践：基于宁波案例的讨论[J]．西北民族研究，2016（03）：187—194．

[90]杨燕．生产性保护与传统文化展演之间的博弈与互动——以地震前后绵竹年画的发展为例[J]．四川戏剧，2016（04）：92—95．

[91]王悦．东北二人转与萨满文化[J]．戏剧文学，2016（05）：151—158．

[92]麦岚．非遗保护的山东行动[J]．齐鲁周刊，2016（13）：37—39．

[93]耿达，傅才武．带际发展与业态融合：长江文化产业带的战略定位与因应策略[J]．福建论坛（人文社会科学版），2016（08）：128—134．

[94]李琦，廉明静．东北二人转传播形态的转化及其文化解读[J]．传媒观察，2016（09）：8—10．

[95]周秀梅．工匠精神与非物质文化遗产保护[J]．艺术评论，2016（10）：68—72．

[96]王绵厚．中国东北地区的"三大地域文化"[J]．地域文化研究，2017（01）：11—20+153．

[97]段满江．东北抗联精神的文化内涵及其当代启示[J]．边

疆经济与文化，2018（02）：77－78.

［98］武限.云南少数民族非物质文化遗产产业管理模式研究［D］.云南财经大学，2015.

［99］王宏宇.萨满信仰与新时期东北文学的文化书写［D］.青海民族大学，2015.

［100］刘瑛.萨满教文化与东北作家群小说创作［D］.湖南师范大学，2015.

［101］黄廓，姜飞.在博弈中规划跨文化传播地图［N］.中国社会科学报，2009，2009－10－20.

［102］刘国伟.东北文化是一种载体［N］.吉林日报，2016－01－21（013）.

［103］鲁元珍."十三五"：各地文化产业如何布局［N］.光明日报，2016－04－07（014）.

［104］韩成艳，张青仁.非物质文化遗产整体保护的宁波实践［N］.中国文化报，2016－05－27（014）.

［105］刘振州，孙楠.文化软实力 发展硬支撑［N］.中国文化报，2016－12－08（013）.